智能制造系列教材

制造数据管理

MANUFACTURING DATA MANAGEMENT

石宣化 华强胜 王淑营 编著

清华大学出版社
北京

版权所有,侵权必究。举报：010-62782989,beiqinquan@tup.tsinghua.edu.cn。

图书在版编目(CIP)数据

制造数据管理/石宣化,华强胜,王淑营编著.—北京：清华大学出版社,2023.3
智能制造系列教材
ISBN 978-7-302-62714-2

Ⅰ.①制… Ⅱ.①石…②华…③王… Ⅲ.①制造工业－数据处理－教材 Ⅳ.①F407.4

中国国家版本馆 CIP 数据核字(2023)第 026830 号

责任编辑：刘　杨
封面设计：李召霞
责任校对：赵丽敏
责任印制：刘海龙

出版发行：清华大学出版社
　　　　　网　　址：http://www.tup.com.cn, http://www.wqbook.com
　　　　　地　　址：北京清华大学学研大厦 A 座　　邮　　编：100084
　　　　　社 总 机：010-83470000　　邮　　购：010-62786544
　　　　　投稿与读者服务：010-62776969, c-service@tup.tsinghua.edu.cn
　　　　　质量反馈：010-62772015, zhiliang@tup.tsinghua.edu.cn
印 装 者：三河市龙大印装有限公司
经　　销：全国新华书店
开　　本：170mm×240mm　　印　张：6　　字　数：119 千字
版　　次：2023 年 4 月第 1 版　　印　次：2023 年 4 月第 1 次印刷
定　　价：24.00 元

产品编号：090660-01

智能制造系列教材编审委员会

主任委员
  李培根 雒建斌

副主任委员
  吴玉厚 吴　波 赵海燕

编审委员会委员（按姓氏首字母排列）
  陈雪峰 邓朝晖 董大伟 高　亮
  葛文庆 巩亚东 胡继云 黄洪钟
  刘德顺 刘志峰 罗学科 史金飞
  唐水源 王成勇 轩福贞 尹周平
  袁军堂 张　洁 张智海 赵德宏
  郑清春 庄红权

秘书
  刘　杨

丛书序1
FOREWORD

多年前人们就感叹，人类已进入互联网时代；近些年人们又惊叹，社会步入物联网时代。牛津大学教授舍恩伯格（Viktor Mayer-Schönberger）心目中大数据时代最大的转变，就是放弃对因果关系的渴求，转而关注相关关系。人工智能则像一个幽灵徘徊在各个领域，兴奋、疑惑、不安等情绪分别蔓延在不同的业界人士中间。今天，5G 的出现使得作为整个社会神经系统的互联网和物联网更加敏捷，使得宛如社会血液的数据更富有生命力，自然也使得人工智能未来能在某些局部领域扮演超级脑力的作用。于是，人们惊呼数字经济的来临，憧憬智慧城市、智慧社会的到来，人们还想象着虚拟世界与现实世界、数字世界与物理世界的融合。这真是一个令人咋舌的时代！

但如果真以为未来经济就"数字"了，以为传统工业就"夕阳"了，那可以说我们就真正迷失在"数字"里了。人类的生命及其社会活动更多地依赖物质需求，除非未来人类生命形态真的变成"数字生命"了，不用说维系生命的食物之类的物质，就连"互联""数据""智能"等这些满足人类高级需求的功能也得依赖物理装备。所以，人类最基本的活动便是把物质变成有用的东西——制造！无论是互联网、物联网、大数据、人工智能，还是数字经济、数字社会，都应该落脚在制造上，而且制造是其应用的最大领域。

前些年，我国把智能制造作为制造强国战略的主攻方向，即便从世界上看，也是有先见之明的。在强国战略的推动下，少数推行智能制造的企业取得了明显效益，更多企业对智能制造的需求日盛。在这样的背景下，很多学校成立了智能制造等新专业（其中有教育部的推动作用）。尽管一窝蜂地开办智能制造专业未必是一个好现象，但智能制造的相关教材对于高等院校与制造关联的专业（如机械、材料、能源动力、工业工程、计算机、控制、管理……）都是刚性需求，只是侧重点不一。

教育部高等学校机械类专业教学指导委员会（以下简称"机械教指委"）不失时机地发起编著这套智能制造系列教材。在机械教指委的推动和清华大学出版社的组织下，系列教材编委会认真思考，在 2020 年新型冠状病毒感染疫情正盛之时进行视频讨论，其后教材的编写和出版工作有序进行。

编写本系列教材的目的是为智能制造专业以及与制造相关的专业提供有关智能制造的学习教材，当然教材也可以作为企业相关的工程师和管理人员学习和培训之用。系列教材包括主干教材和模块单元教材,可满足智能制造相关专业的基础课和专业课的需求。

主干教材,即《智能制造概论》《智能制造装备基础》《工业互联网基础》《数据技术基础》《制造智能技术基础》,可以使学生或工程师对智能制造有基本的认识。其中,《智能制造概论》教材给读者一个智能制造的概貌,不仅概述智能制造系统的构成,而且还详细介绍智能制造的理念、意识和思维,有利于读者领悟智能制造的真谛。其他几本教材分别论及智能制造系统的"躯干""神经""血液""大脑"。对于智能制造专业的学生而言,应该尽可能必修主干课程。如此配置的主干课程教材应该是本系列教材的特点之一。

本系列教材的特点之二是配合"微课程"设计了模块单元教材。智能制造的知识体系极为庞杂,几乎所有的数字-智能技术和制造领域的新技术都和智能制造有关,不仅涉及人工智能、大数据、物联网、5G、VR/AR、机器人、增材制造(3D打印)等热门技术,而且像区块链、边缘计算、知识工程、数字孪生等前沿技术都有相应的模块单元介绍。本系列教材中的模块单元差不多成了智能制造的知识百科。学校可以基于模块单元教材开出微课程(1学分),供学生选修。

本系列教材的特点之三是模块单元教材可以根据各所学校或者专业的需要拼合成不同的课程教材,列举如下。

♯课程例1——"智能产品开发"(3学分),内容选自模块:
- 优化设计
- 智能工艺设计
- 绿色设计
- 可重用设计
- 多领域物理建模
- 知识工程
- 群体智能
- 工业互联网平台

♯课程例2——"服务制造"(3学分),内容选自模块:
- 传感与测量技术
- 工业物联网
- 移动通信
- 大数据基础
- 工业互联网平台
- 智能运维与健康管理

♯课程例3——"智能车间与工厂"(3学分),内容选自模块:
- 智能工艺设计
- 智能装配工艺

- 传感与测量技术
- 智能数控
- 工业机器人
- 协作机器人
- 智能调度
- 制造执行系统(MES)
- 制造质量控制

总之,模块单元教材可以组成诸多可能的课程教材,还有如"机器人及智能制造应用""大批量定制生产"等。

此外,编委会还强调应突出知识的节点及其关联,这也是此系列教材的特点。关联不仅体现在某一课程的知识节点之间,也表现在不同课程的知识节点之间。这对于读者掌握知识要点且从整体联系上把握智能制造无疑是非常重要的。

本系列教材的编著者多为中青年教授,教材内容体现了他们对前沿技术的敏感和在一线的研发实践的经验。无论在与部分作者交流讨论的过程中,还是通过对部分文稿的浏览,笔者都感受到他们较好的理论功底和工程能力。感谢他们对这套系列教材的贡献。

衷心感谢机械教指委和清华大学出版社对此系列教材编写工作的组织和指导。感谢庄红权先生和张秋玲女士,他们卓越的组织能力、在教材出版方面的经验、对智能制造的敏锐性是这套系列教材得以顺利出版的最重要因素。

希望本系列教材在推进智能制造的过程中能够发挥"系列"的作用!

2021 年 1 月

丛书序2
FOREWORD

　　制造业是立国之本,是打造国家竞争能力和竞争优势的主要支撑,历来受到各国政府的高度重视。而新一代人工智能与先进制造深度融合形成的智能制造技术,正在成为新一轮工业革命的核心驱动力。为抢占国际竞争的制高点,在全球产业链和价值链中占据有利位置,世界各国纷纷将智能制造的发展上升为国家战略,全球新一轮工业升级和竞争就此拉开序幕。

　　近年来,美国、德国、日本等制造强国纷纷提出新的国家制造业发展计划。无论是美国的"工业互联网"、德国的"工业 4.0",还是日本的"智能制造系统",都是根据各自国情为本国工业制定的系统性规划。作为世界制造大国,我国也把智能制造作为推进制造强国战略的主攻方向,并于 2015 年发布了《中国制造 2025》。《中国制造 2025》是我国全面推进建设制造强国的引领性文件,也是我国实施制造强国战略的第一个十年的行动纲领。推进建设制造强国,加快发展先进制造业,促进产业迈向全球价值链中高端,培育若干世界级先进制造业集群,已经成为全国上下的广泛共识。可以预见,随着智能制造在全球范围内的孕育兴起,全球产业分工格局将受到新的洗礼和重塑,中国制造业也将迎来千载难逢的历史性机遇。

　　无论是开拓智能制造领域的科技创新,还是推动智能制造产业的持续发展,都需要高素质人才作为保障,创新人才是支撑智能制造技术发展的第一资源。高等工程教育如何在这场技术变革乃至工业革命中履行新的使命和担当,为我国制造企业转型升级培养一大批高素质专门人才,是摆在我们面前的一项重大任务和课题。我们高兴地看到,我国智能制造工程人才培养日益受到高度重视,各高校都纷纷把智能制造工程教育作为制造工程乃至机械工程教育创新发展的突破口,全面更新教育教学观念,深化知识体系和教学内容改革,推动教学方法创新,我国智能制造工程教育正在步入一个新的发展时期。

　　当今世界正处于以数字化、网络化、智能化为主要特征的第四次工业革命的起点,正面临百年未有之大变局。工程教育需要适应科技、产业和社会快速发展的步伐,需要有新的思维、理解和变革。新一代智能技术的发展和全球产业分工合作的新变化,必将影响几乎所有学科领域的研究工作、技术解决方案和模式创新。人工智能与学科专业的深度融合、跨学科网络以及合作模式的扁平化,甚至可能会消除某些工程领域学科专业的划分。科学、技术、经济和社会文化的深度交融,使人们可以充分使用便捷的软件、工具、设备和系统,彻底改变或颠覆设计、制造、销售、服务和消费方式。因此,工程教育特别是机械工程教育应当更加具有前瞻性、创新性、开放性和多样性,应当更加注重与世界、社会和产业的联系,为服务我国新的"两步走"宏伟愿景做出更大贡献,为实现联合国可持续发展目标发挥关键性引领作用。

需要指出的是,关于智能制造工程人才培养模式和知识体系,社会和学界存在多种看法,许多高校都在进行积极探索,最终的共识将会在改革实践中逐步形成。我们认为,智能制造的主体是制造,赋能是靠智能,要借助数字化、网络化和智能化的力量,通过制造这一载体把物质转化成具有特定形态的产品(或服务),关键在于智能技术与制造技术的深度融合。正如李培根院士在丛书序 1 中所强调的,对于智能制造而言,"无论是互联网、物联网、大数据、人工智能,还是数字经济、数字社会,都应该落脚在制造上"。

经过前期大量的准备工作,经李培根院士倡议,教育部高等学校机械类专业教学指导委员会(以下简称"机械教指委")课程建设与师资培训工作组联合清华大学出版社,策划和组织了这套面向智能制造工程教育及其他相关领域人才培养的本科教材。由李培根院士和雒建斌院士、部分机械教指委委员及主干教材主编,组成了智能制造系列教材编审委员会,协同推进系列教材的编写。

考虑到智能制造技术的特点、学科专业特色以及不同类别高校的培养需求,本套教材开创性地构建了一个"柔性"培养框架:在顶层架构上,采用"主干教材+模块单元教材"的方式,既强调了智能制造工程人才必须掌握的核心内容(以主干教材的形式呈现),又给不同高校最大程度的灵活选用空间(不同模块教材可以组合);在内容安排上,注重培养学生有关智能制造的理念、能力和思维方式,不局限于技术细节的讲述和理论知识的推导;在出版形式上,采用"纸质内容+数字内容"的方式,"数字内容"通过纸质图书中列出的二维码予以链接,扩充和强化纸质图书中的内容,给读者提供更多的知识和选择。同时,在机械教指委课程建设与师资培训工作组的指导下,本系列书编审委员会具体实施了新工科研究与实践项目,梳理了智能制造方向的知识体系和课程设计,作为规划设计整套系列教材的基础。

本系列教材凝聚了李培根院士、雒建斌院士以及所有作者的心血和智慧,是我国智能制造工程本科教育知识体系的一次系统梳理和全面总结,我谨代表机械教指委向他们致以崇高的敬意!

2021 年 3 月

前言
PREFACE

  近年来,数字化转型的浪潮席卷了制造业,"十四五"规划中专门强调了数字化概念,并提出加快数字化发展,建设数字中国的战略任务。工业 4.0 时代正一步一步向人们走来。数字化转型让生产数据快速作用于企业管理,促进产业快速发展,为行业带来新的机遇与挑战。随着制造业的信息化程度不断加深,企业信息化应用水平不断提高,企业正逐步从信息系统建设阶段转变到集成及数据管理阶段。数据管理的相关理论与技术正在得到越来越广阔的发展和应用前景。本书聚焦于制造数据管理这一核心主题,从理论延展至应用,从传统模型延展至高新技术,对相关领域内容进行了较为全面、系统的总结。

  全书内容分为 5 章:第 1 章绪论对制造数据与制造数据管理系统进行了简要概括;第 2 章介绍了各种经典的数据模型,并着重分析了关系模型;第 3 章对数据管理中的存储、定位、查找技术进行了介绍,并补充了数据库设计构架的相关内容;第 4 章与第 5 章结合企业智能制造的实际需求,对高可用数据管理技术与可信数据管理技术辅以实例进行了说明。

  本书第 1 章由张剑、石宣化编写,第 2 章由石宣化编写,第 3 章由袁平鹏、王淑营编写,第 4 章由王淑营、石宣化编写,第 5 章由华强胜编写。

  本书内容经多次修订校验,但随着相关领域技术的发展仍存在需要不断完善之处,其中存在的问题与不足敬请各位读者不吝指正。

编著者

2022 年 8 月

目录 CONTENTS

第1章 绪论 ·· 1

  1.1 制造数据的来源 ·· 1
    1.1.1 自动化设备采集的数据 ··· 1
    1.1.2 生产设备获取的数据 ·· 2
    1.1.3 生产管理系统数据 ··· 4
  1.2 制造数据的分类 ·· 4
  1.3 制造数据管理系统简介 ·· 6
    1.3.1 产品数据管理系统 ··· 6
    1.3.2 企业资源计划系统 ··· 8
    1.3.3 制造执行系统 ·· 10
  参考文献 ·· 12

第2章 数据模型 ·· 13

  2.1 树状模型 ·· 13
  2.2 网状模型 ·· 14
  2.3 关系模型 ·· 15
    2.3.1 关系模型的数据结构 ·· 15
    2.3.2 关系模型的关系操作 ·· 18
    2.3.3 关系模型的完整性约束条件 ·· 21
  2.4 图模型 ··· 21
  2.5 键值对模型 ··· 24
  2.6 总结 ·· 25
  参考文献 ·· 25

第3章 数据管理技术 ·· 27

  3.1 概述 ·· 27
  3.2 数据表达及存储技术 ·· 27

3.2.1	关系数据库	28
3.2.2	键值数据库	29
3.2.3	列族数据库	29
3.2.4	文档数据库	31
3.2.5	图数据库	32

3.3 索引技术 … 34
    3.3.1 B+树索引 … 34
    3.3.2 哈希索引 … 38
3.4 查询语言 … 40
    3.4.1 SQL … 41
    3.4.2 Gremlin … 43
3.5 数据库设计及应用技术 … 46
    3.5.1 数据库设计概述 … 47
    3.5.2 逻辑数据库架构技术 … 48
    3.5.3 物理数据库架构技术 … 49
参考文献 … 50

第 4 章 高可用数据管理技术 … 51

4.1 智能制造对数据库的高可用需求 … 51
4.2 基于多副本的数据管理技术基础 … 52
    4.2.1 数据库级的多副本技术 … 52
    4.2.2 操作系统级的多副本技术 … 53
4.3 基于多副本的企业级数据高可用架构 … 55
    4.3.1 数据库双机热备架构 … 56
    4.3.2 面向高并发读的数据读写分离技术架构 … 56
    4.3.3 数据生命周期监控与写数据库优化技术架构 … 61
4.4 基于云数据库的企业数据管理体系 … 66
    4.4.1 云数据库技术 … 66
    4.4.2 企业数据管理中的云数据库模式 … 67
参考文献 … 67

第 5 章 可信数据管理 … 68

5.1 智能制造与可信数据管理 … 68
    5.1.1 智能制造的战略意义 … 68
    5.1.2 传统制造向智能制造发展的影响因素 … 69
    5.1.3 智能制造为什么需要可信数据管理 … 70

5.2 可信数据管理技术 …………………………………………………………… 71
　　5.2.1 实现可信数据管理——区块链 …………………………………… 71
　　5.2.2 保证数据来源——密码学 ………………………………………… 74
　　5.2.3 共享数据的可用不可见——隐私计算 …………………………… 75
5.3 可信数据管理技术在智能制造中的应用 …………………………………… 76
　　5.3.1 基于区块链技术的高效供应链管理系统 ………………………… 77
　　5.3.2 隐私计算技术保护数据安全 ……………………………………… 78
　　5.3.3 具体案例分析——京东智臻链 …………………………………… 78
参考文献 ………………………………………………………………………………… 79

第 1 章

绪论

1.1 制造数据的来源

生产车间的制造数据主要来源于制造资源属性数据和生产制造过程状态数据。其中,制造资源属性数据通常为静态数据,而生产制造过程状态数据往往是动态数据。生产制造过程状态数据是用于标定物料状态、设备工况、工艺信息及制造执行情况的数据,主要包括制造对象、制造资源信息、生产计划、任务执行情况和质量信息等。通过生产过程采集的数据可形成制造大数据。不同环节上的数据,可为不同的管理者提供决策支持。

1.1.1 自动化设备采集的数据

自动化设备利用条码读写器、射频识别(radio frequency identification,RFID)读写器及嵌入式采集终端,通过光、电磁、温度等技术,对信息载体进行自动识别,然后通过内部硬件和软件的解析,将获取的信息显示给用户[1]。其中,条码读写器主要应用于最终成品的管理,因为条码一旦确定,它内部包含的信息就确定了,一般贴在最终产品的包装箱上,以自动识别箱内物料。但是通过信息化的手段,目前也有一些企业将其用于存储动态的制造过程数据,尤其是物料转运方面的数据。由于 RFID 标签的存储容量大,存储的数字信息内容不固定,因此 RFID 读写器可以用来读写动态数据和静态数据,并且其具有读写速度快、可批量读写等特性,在各行各业中应用也越来越广泛。嵌入式采集终端一般用来对特定需求的数据进行采集,具有稳定性高、成本低等优点,但功能比较单一,应用的场合固定。

1. 条码技术

条码技术是实现 POS 系统、电子数据交换(electronic data interchange,EDI)、电子商务、供应链管理的技术基础,是物流管理现代化的重要技术手段。条码技术包括条码的编码技术、条码标识符号的设计、快速识别技术和计算机管理技术,它是实现计算机管理和电子数据交换必不可少的前端采集技术。

二维条码是用某种特定的几何图案按一定规律在平面分布的黑白相间的图形

上记录数据符号信息的,在代码编制上巧妙地运用计算机内部逻辑基础的"0""1"概念,使用若干个与二进制相对应的几何形体来表示文字/数值信息,通过图像输入设备或光电扫描设备自动识读以实现信息自动处理。二维条码具有条码技术的一些共性:每个码制有其特定的字符集,每个字符占有一定的宽度,具有一定的校验功能等。同时还对不同行的信息具有自动识别功能与处理图形旋转变化等特定功能。

2. RFID 技术

RFID 技术是一种非接触式的自动识别技术,能通过射频信号自动识别目标对象并获取相关的数据信息。RFID 技术利用射频方式进行非接触双向通信,以达到识别目的并交换数据。它可识别高速运动物体并可同时识别多个标签,操作快捷方便。在工作时,RFID 读写器通过天线发送出一定频率的脉冲信号,当 RFID 标签进入磁场时,凭借感应电流所获得的能量发送出存储在芯片中的产品信息(无源标签或被动标签,passive tag),或者主动发送某一频率的信号(有源标签或主动标签,active tag);阅读器对接收的信号进行解调和解码,然后送到后台主系统进行相关处理;主系统根据逻辑运算判断该卡的合法性,针对不同的设定做出相应的处理和控制,发出指令信号控制执行机构动作。

3. 传感器

传感器是一种检测装置,能感受到被测量的信息,并能将检测感受到的信息按一定规律变换成为电信号或其他所需形式的信息输出,以满足信息的传输、处理、存储、显示、记录和控制等要求。在生产车间中一般存在许多传感节点,24 小时监控着整个生产过程,一旦发现异常即可迅速反馈至上位机,可以算得上是数据采集的感官接受系统,属于数据采集的底层环节。

传感器在采集数据过程中的主要特性是其输入与输出的关系,其静态特性反映了传感器在被测量各个值处于稳定状态时的输入和输出关系,也就是当输入为常量或变化极慢时,这一关系就称为静态特性。一般情况下,输入与输出不会符合所要求的线性关系,同时由于存在着迟滞、蠕变等因素的影响,使输入输出关系的唯一性无法实现。因此,我们不能忽视工厂中的外界影响,这种影响的程度取决于传感器本身,可通过传感器本身的改善加以抑制,有时也可以通过增加外界条件加以限制。

1.1.2 生产设备获取的数据

随着数控伺服系统的不断发展,管理人员可以利用设备终端提供的接口来直接获取需要的数据。常见的设备终端有数控机床、加工机器人、可编程逻辑控制器(programmable logic controller,PLC)等。用于过程控制的 OLE(OLE for process control,OPC)是一个工业标准。它是在 Microsoft 的对象链接与嵌入(object linking and embedding，OLE)、组件对象模型(component object model，COM)以及分布式组件对象模型(distributed component object model，DCOM)的技术基础上，包含一整套属性、方法和接口的标准集，用于过程控制和工业自动化系统[2]。OPC 采用客户/服务器模式，把开发访问接口的任务放在硬件生产厂家或第三方厂家，以 OPC 服务器的形式提供给用户，解决了软、硬件厂商的矛盾，完成了系统的集成，提高了系统的开放性和可互操作性。因此，可以采用 OPC 接口和一些必要的软件配置，利用上位机直接对机床数据进行采集。当然，OPC 协议是应用层的数据协议，把自动化采集数据以一定格式传输给客户端，在网络的底层传输过程需要基于 TCP/IP 协议等得以进行。总之，通过这些技术和标准，完全可以创建一个开放的、可互操作的控制系统软件。

1. TCP/IP 协议的以太网模式

以太网的数控配置是未来技术发展的趋势，信息采集的内容丰富，且可以实现远程控制[3]。目前众多数控系统厂商，如西门子、三菱、FIDIA 等公司均配备了局域网口，拥有大量方便集成的接口，可以实现实时采集数控设备程序运行信息、设备运行状态信息、系统状态信息、报警信息、运行程序内容信息、操作数据、设备参数、坐标和主轴功率等数据。通过数控设备的及时限制，实时数据采集可以进行生产的事先预防，对于生产加工、质量管控有很好的作用，包括通过 DNC 网络，将设备上的程序编辑功能进行锁定，启用设备写保护程序，发现非法修改情况等。另外，数控设备的加工倍率也可以限制倍率开关变化的随意修改，发现非法修改可以立即锁住设备，防止非法加工。

2. 普通以太网模式

这种模式通过以太网开发包的数控设备，采用 Windows 操作系统进行以太网接口设备的数控，可以利用第三方软件开发商提供的开发接口，对激光切割机等高精尖设备进行网络传输，满足各类数据的传输需求及控制质量，且将各种设备的状态信息、参数信息存储在如自动化立体仓库等本地数据库中，满足对数据库集成的实时采集要求。

3. 数据采集卡

数据采集卡通过生产设备的相关输入/输出点与对应的传感器进行连接，采集相应的加工信息，包括设备运行加工、设备故障等参数。其适用系统包括无串口和无局域网络设备，采用的方式为开关量采集卡、模拟量采集卡等。

4. 组态软件采集

这种方式是通过 PLC 控制类的设备对非数控类组态软件进行相关信息的读取，包括各种模拟量信息，如温度和压力等，并将读取的输入/输出点信息存入数据库中。作为工业自动化领域的新型软件开发工具，组态软件可以帮助开发人员利用软件包中的工具，对软件进行硬件配置，以及数据、图形等的开发工作。组态软件通过串口或者网口与PLC相连,通过计算机完成数据采集和处理,可以实时输出各种曲线。经过实践验证,组态方式实时数据采集具有投入少、连接方便、稳定性强的优点,对于智能制造中的工业控制来说性价比最高。

1.1.3 生产管理系统数据

由自动化设备采集的数据和通过生产设备获取的数据汇集后,一般存入相应的生产管理系统中,如制造执行系统或者其他生产管控系统[4]。而这些系统中也会存储一些执行过程中所应用到的数据,如NC代码、生产任务及分解、生产异常及调度、质量管理和执行人员等相关记录的数据,以便于进行生产管理。其中,对于非自动化设备以及不具备自动采集信息功能的自动化设备,采取手工填表、条码扫描、手持终端等方式将数据存储在系统中,实现对数据的采集。这种灵活方便的优势,弥补了自动采集在丰富性、适应性上的缺陷,但也存在实时性差和准确性差的缺点。

1.2 制造数据的分类

制造数据的分类方法很多,可以按照数据的来源、状态、结构、格式、存储方式、用途等进行划分[5]。

1. 根据数据的来源分类

制造过程中的数据按照来源可分为研发数据、生产数据、运维数据、管理数据和外部数据等几类。其中,研发数据包括研发设计数据、开发测试数据等;生产数据包括控制信息、工况的状态、工艺参数和系统日志;运维数据包括物流数据、产品售后服务数据等;管理数据包括系统设备信息、客户与产品信息等数据;外部数据主要是指与其他主体共享的数据。

2. 根据数据的状态分类

制造过程中的数据按照状态可分为静态数据、动态数据、中间数据三大类。

静态数据主要指的是不会大幅度变化的数据,如产品的号码、库房的房号以及大型机器的编号等。

动态数据是指在制造过程中,随着零件状态的变化,其也发生变化的数据,包括零件的加工工序、尺寸、物流信息、开工/完工时间等。这些信息直接反映了零件的质量和状态,为企业了解零件实时动态、任务当前进度提供保障,并为上层数据处理、质量控制、任务调度和供应链管理提供基础数据。

中间数据是不能直接得到的数据,其主要是从公司决策者的视角来安排,准确地整合和分析静态数据和动态数据后获得的数据,如对静态数据和动态数据的大数据处理、格式化管理,从而达到不同数据及模块之间的传递作用。这类数据具有极高的价值。

3. 根据数据的结构、格式及存储方式分类

制造数据可以根据结构分为字符、数值、文本、图像、音频、视频型数据,也可以按照格式分为结构化、半结构化和非结构化数据,还可以按照存储方式分为关系数据库数据和 XML 文档数据等,如表 1-1 所示。采集的实时制造信息为动态数据,以 XML 文档进行存储,其数据结构以半结构化和非结构化为主;静态数据(基础数据)是制造资源的属性数据,又指感知对象的基本信息,通常以关系数据库进行存储。

表 1-1 感知数据的格式、结构与存储方式

数据格式	数据结构	存储方式	数据说明
字符、数值	结构化	关系数据库	静态数据——感知对象的基本信息,如传感设备的属性
文本	半结构化	XML 文档	动态数据——采集的实时数值型数据,如温度、湿度等
图像	非结构化	XML 文档	动态数据——图片、照片等影像数据,格式包括 jpg、psd、bmp 等
音频	非结构化	XML 文档	动态数据——实时录音,如噪声,格式包括 mp3、ape、wav 等
视频	非结构化	XML 文档	动态数据——监控视频,格式包括 rmvb、mpeg-4、avi 等

4. 根据数据的用途分类

1)筛选数据

筛选数据指用于信息数据清洗的数据,属于生产过程前依据设备条件、生产产品种类确定的数据集合,主要包含制造过程中的各种物理条件约束。

(1)工艺约束(工艺流程约束):目前对于数据预处理的应用未知,可以用于最后调度方案的删减。

(2)系统资源约束(设备约束、辅料约束、人员约束):主要是通过约束找出产品生产数据与实际生产部分矛盾的数据。这类矛盾基本上是由于传感器等测量设备出现偏差导致的,需要对其进行删除处理。

(3)系统性能指标约束:这类约束包含在产品生产数据中。

(4)设备的常规物理量约束:包含数据类型自身的物理量特性,常规的物理规律以及唯一性、联系性、空值规则等。

2)信息数据

信息数据指用于进行数据分析获取其中知识的数据,包括缓冲区内信息、产品数据(如在制品数量、晶圆所含芯片数量等)、设备数据(如运行时间、损坏时间、空闲时间等)、加工过程数据(如加工时间、产量等)。

3) 结论修正数据

结论修正数据指对得到的若干调度方案进行分析处理的数据。例如，考虑工艺流程约束等数据，对调度方案进行物理可能性的筛选。

1.3 制造数据管理系统简介

1.3.1 产品数据管理系统

产品数据管理 PDM

产品数据管理(product data management，PDM)是一种利用数据模型对制造企业的产品研发设计过程进行管理的方法，其目标是利用一个集成的信息系统来产生为进行产品开发设计和制造所需的完整技术资料。其中与产品信息相关的资料包括零件信息、配置、文档、CAD 文件、结构和权限信息等技术资料，与产品过程相关的资料包括过程定义和管理等技术资料。通过实施 PDM，构建 PDM 系统，能够有效地组织企业生产工艺过程卡片、零件蓝图、三维数模、刀具清单、质量文件和数控程序等生产作业文档，实现车间无纸化生产。

通常 PDM 系统按软件功能模块可以划分为电子仓库和文档管理、用户管理、工作流与过程管理、产品结构与配置管理、项目管理、零件分类管理、工程变更管理、电子协作、集成工具、浏览和圈阅等，前 5 项功能是 PDM 系统应用具备的基本功能。

1. 电子仓库和文档管理

所谓电子仓库，是在 PDM 系统中实现某种特定数据存储机制的元数据(管理数据的数据)库及其管理系统。它保存所有与产品相关的物理数据和文件的元数据，以及指向物理数据和文件的指针。该指针指定存放物理数据的数据库记录和存放物理文件的文件系统与目录。在产品的整个生命周期中与产品相关的信息是多种多样的。这些信息以文件或图档的形式存在，统称为文档。通过文档管理，可以让企业很好地组织、管理、控制文档的建立、修改、发布和存档工作。企业人员也可以更加方便、快捷、有效地查找和引用所需要的各种数据和信息。

2. 用户管理

用户管理是对使用 PDM 系统的所有用户进行管理，具体包括用户注册、用户权限控制、用户角色确定、用户密级确定等。

3. 工作流与过程管理

工作流与过程管理(workflow and process management，WPM)是关于产品数据是如何建立和修改的主动的过程管理。它对任何工作流的形成进行过程控制或在过程开始后的任务控制，用来定义和控制人们创建和修改数据的方法。它提供了路线、驱动事件的动作、查询、检查、存取控制、恢复和对象编辑等功能，为产品开发过程的自动管理提供了必要的支持。

用户可以建立串行或并行的工作流程,技术人员可以并行地协调工作。当用户打开自己的任务箱时,就可以看到最新的工作任务清单,项目负责人可随时查看整个项目的执行情况。WPM 的处理重点是与产品数据相关的任务。通常 WPM 具有下述 3 种主要功能:

(1) 初始工作管理。当设计师准备进行某项设计工作时,除了必要的设计要求和初始设计思想外,需要给设计人员提供与设计工作相关的一些文档、表格等数据(诸如外购件手册、标准件手册和各种元器件手册等),还可以查询其他设计人员的设计数据,最大限度地满足设计人员的设计需求。而这些数据都能够在 WPM 系统中产生并传递。

(2) 工作流程管理。这是对产品数据及其引用传递和流动的过程的管理。在此可以建立串行或并行的工作流程,将产品研制过程中的审、批、签流程以及产品更改的审批过程全部通过电子程序有序地进行。当用户打开自己的任务箱时就能看到最新的工作任务清单,审、批、签等人员可按预先制定的流程进行签署并可在备注栏附上签署意见,项目负责人则可随时查看整个项目的执行情况。它使得成千上万个 PDM 系统的用户个体对产品数据的处理结果和流动更加具有条理化,知道下一步该做什么。

(3) 工作历史管理。工作历史管理提供了一种审查记录数据,帮助用户了解产品项目开发过程中的历史情况。在现有产品开发工作流程的基础上,制定新的产品项目的工作流和过程,工作历史记录可以作为重要依据。

4. 产品结构与配置管理

相互关联的一组零件按照特定的装配关系组装起来即构成部件,一系列的零件和部件有机地装配在一起则构成产品。将产品按照部件进行分解,部件再进一步分解成子部件、零件,由此形成的分层树状结构,称为产品结构树。产品结构与配置管理是产品数据组织与管理的一种形式,它以电子仓库为底层支持,以材料明细表为其组织核心,把定义最终产品的所有工程数据和文档联系起来,实现产品数据的组织、管理与控制,并在一定目标和规则约束下,向用户或应用系统提供产品结构的不同视图和描述,如设计视图、装配视图、制造视图和计划视图等。

5. 项目管理

一个功能强大的项目管理能够为管理者提供项目和活动每时每刻的状态信息,通过 PDM 与流行的项目管理软件(包括接口)还可获得资源和规划及重要路径报告能力。但是,目前在 PDM 系统中项目管理考虑较少,许多 PDM 系统只能提供工作流活动的信息。

PDM 系统也不同程度地提供了扫描与成像、浏览与圈阅功能,这些功能也产生相应的数据信息。PDM 管理所有与产品相关的数据,而被管数据是由不同的系统产生的,数据的类型不同,数据的模型也就不同,怎样保证这些数据的一致性和完整性是一个很重要的问题。必须把这些系统集成到 PDM 中,由 PDM 框架对数据进行统一的控制和管理。

1.3.2 企业资源计划系统

企业资源计划
ERP

企业资源计划(enterprise resource planning,ERP)是当今国际上先进的企业管理模式[6],通常可以从 3 个层次对其定义进行阐述。从管理思想上看,ERP 是由美国著名的计算机技术咨询和评估集团 Gartner Group Inc. 提出的一整套企业管理系统体系标准,其实质是在制造资源计划的基础上进一步发展而成的面向供应链的管理思想;从软件产品上看,ERP 是综合应用了客户机服务器体系、关系数据库结构、面向对象技术、图形用户接口、第四代语言和网络通信等信息产业成果,以 ERP 的管理思想为灵魂的软件产品;从管理系统上看,ERP 是整合了企业管理理念、业务流程、基础数据、人力和物力、计算机硬件和软件于一体的企业资源管理系统。ERP 是以生产经营和计划管理为主线的系统,其最大的特点是将企业的业务流程看成一个包括供应商、制造企业、分销网络和客户的供应链,对企业活动中与制造有关的所有资源和过程进行统一的管理,在目标上充分体现对成本的控制、对质量的控制和对客户服务的管理。

ERP 系统一般包括物料清单、生产计划大纲、材料需求计划、车间作业管理、库存管理、财务管理、客户订单管理、人力资源计划等功能,还可集成诸如质量管理、设备管理、项目管理、运输管理、客户关系管理等模块,并借助先进的计算机技术和网络技术的应用实现企业的物流、信息流与资金流的有机集成。ERP 系统可以全方位地整合企业内外的相关资源,在全面解决企业供销存、财务、计划、质量、制造等核心业务问题方面均能够产生出巨大的效益,使企业可以大幅度地提高运作效率,更快更好地应对市场变化,给企业带来更广泛、更长远的经济效益和社会效益。

ERP 数据主要包括以下几种。

1. 物料数据

物料数据不仅是企业生产过程管理的基础,也是物料需求计划必备的数据源。ERP 中物料的概念具有广泛的含义,它不仅包括产品与原材料,也包括半成品、零部件、五金工具、包装材料等;不仅包括企业中的全部物流实体,有时也包括中间件或虚拟件。因此,物料数据是所有数据中数量最多、分布最广、组成最复杂的数据集,基本上是静态数据,主要包括物料代码与描述数据,如物品颜色或规格数据、物料分类数据、物料清单数据和独立需求数据等。

2. 能力数据

物料需求计划必须与能力计划相辅相成,才能保证计划的可行性。需求占用多少能力资源需要通过相关的能力数据计算出来,通常能力需求计算以工作中心为基本单位。由于能力数据涉及企业具体的生产单位、生产设备人员技术水平与出勤情况，因此能力数据也是企业数据中比较复杂、管理难度较大的数据集合。与物料数据相同，能力数据也基本是静态数据，主要包括工作日历数据、工作中心数据、生产工艺数据、工序进度数据、产品定额工时数据、工作中心负荷数据和可用资源数据等。

3. 库存数据

库存业务管理应能为企业提供准确的库存数据，包括各企业内部库存数据，这类数据出现错误的概率是最高的，因此在管理上需要对物料进行分类。库存业务需要的数据包括静态数据与动态数据。静态数据包括仓库代码数据、区域代码数据、货位代码数据、分类码数据、物品领料原因数据、库存操作原因数据、物品财务类别数据、仓库人员资料数据和往来单位资料数据等。动态数据是随企业业务的变化而不断改变的数据，它是对业务过程的记录。库存动态数据包括物料出入库数据、物料仓库数据和物品库库存数据等。

4. 销售数据

销售是企业对外服务的窗口，是连接企业内部与外部的桥梁，销售业务完成得好坏直接影响企业经营规划的实现。销售业务需要的数据包括静态数据与动态数据。静态数据包括客户资料数据、客户分类数据、服务人员资料数据、维修服务项目数据、订货方式数据、交货方式数据、退货方式数据、退货原因数据和订单或合同终止原因数据等。动态数据包括销售计划数据、销售发票数据（简约数据与明细数据）、销售订单数据、销售佣金数据、商品报价数据、合同数据、发货单数据和售后服务记录数据等。

5. 采购数据

采购业务是企业经营运作的起点，其目标是充分理解与选择供应商，及时、高效、低成本地完成企业制订的订购计划。采购业务需要的数据包括静态数据与动态数据。静态数据包括供应商资料数据、采购员资料数据、交货方式数据、订货方式数据、退货原因数据、供应商分类数据、订单或合同终止原因数据等。动态数据包括采购订单数据、采购计划数据、供应商评价数据、收货检测结果数据、收货数据、商品报价数据、请购单数据、采购合同数据和采购退货数据等。

6. 生产数据

生产过程是计划的实施过程，是按照生产计划的分解将任务按时间、按工作量分配到车间或工作中心。理论上，各车间或各工作中心每天将完成的工作计入系统中，形成生产过程的详细记录以便管理、销售部门掌握生产情况，但在实际操作中，生产过程的数据记录一般不能达到即时记录，因此可根据企业管理需求采取按批次记录或按时区记录的方式进行。生产数据也同样包括静态数据与动态数据。静态数据包括车间代码与描述数据、班组数据、工装夹具数据、工种代码数据、工票类别数据、工人技师资料数据、例外信息数据和工序优先级别数据等。动态数据包括生产订单数据、优先级别数据、工序作业计划数据、车间用料数据、工票用料数据、产品完工数据、成品与废品数据、工序计划单价数据和人员工时数据等。

7. 财务数据

财务管理涉及企业的各个职能部门,财务部门将各个部门的业务过程所需要的财务数据进行记录并支付或收取资金,同时完成财务核算。财务数据包括静态数据与动态数据。静态数据包括详细的会计科目设置数据、凭证类型数据、财务人员资料数据、支票数据、付款条件数据、产品档案数据、地区分类数据和客户与供应商资料数据等。会计科目中的所有项目数据均为动态数据。

1.3.3 制造执行系统

MES的简介和运用

制造执行系统(manufacturing execution system,MES)通常是指位于上层的ERP与底层的工业过程控制系统(process control system,PCS)之间的面向车间级的管理信息系统[7]。它以生产制造为核心,以提高整个企业的生产经营效益为目的。通过传递信息,对从订单下达到产品完成的整个生产活动进行优化;依靠及时、准确的数据对工厂活动进行指导、启动、响应和报告;对动态干扰变化迅速响应,提高工厂的生产效率和产品质量;提高生产价值的回报率,保障及时交货能力,保持合理库存量,加快库存周转,提高现金流转效率;双向提供整个企业生产活动以及供应链关键信息。

根据MES的作用来分,MES的数据来源可分为管理信息、资源信息和实绩信息。MES的管理信息主要包括调度信息、质量管理信息和人员管理信息;实绩信息主要包括过程管理信息、维护管理信息、产品追踪信息和执行分析信息。

1. 调度信息

MES的调度信息主要指生产计划人员根据客户订单及现有原材料、坯料、设备状况、能源状况,编制下达的一组一段时间内的生产计划,以及由此形成的数字化文件(包括数量、品种规格、交货时间、质量等级和工艺路线等)。这些计划或文件被下发传递到生产分厂后,由生产分厂将其分解成为日生产计划,再由执行调度将其分解为当班应执行的当次计划。

2. 质量管理信息

MES的质量管理信息主要指对从制造过程收集来的实时数据进行测量分析,并将其与资源信息中的工艺规范、质量标准等进行比较,来确保产品质量得到严格控制,并将那些因为超标而需要被特别关注的问题实时反映给管理人员,包括一些有关联的问题、操作和结果,以帮助管理人员确定问题的来源。同时系统还可以据此提出一些专家建议或可能方案来纠正已经出现的问题。在对这些信息进行深度发掘后,还可以包括对产品检测操作的标准过程控制、标准质量控制跟踪和管理等。

3. 人员管理信息

MES 的人员管理信息主要指人力资源的状况：班次、人员结构、员工接受教育及培训程度，以及过往岗位作业的追踪记录。这些直接关系到管理人员能否对人力资源的合理调配与管理实现优化配置，使员工的能力、技术水平和潜力得到最大程度的发挥。

4. 资源信息

MES 的资源信息是一个笼统的概念。简单地说包括人员、机器、材料、方法、环境等一切可利用实物的数字化编码、工艺规范、质量标准、检验标准等为保证作业活动正确展开的数字化信息，譬如现有人员的基本情况，材料、设备以及备品、配件的状态，所生产产品的数字化信息，所涉及产品的生产技术和操作规范，以及当生产有环境要求的产品时所需的环境条件。资源信息是实现其他处理的基础，通过对它的归纳、分析、判断可以使 MES 得出评价结果。

5. 过程管理信息

MES 的过程管理信息指在所有生产过程中已经完成和正在执行的生产情况。这不仅包括生产实绩，还包括这些操作实绩与预定计划的差距。其特别意义在于管理人员可以根据其中提供的信息对将要进行的生产进行控制，对操作实绩偏离预定计划的情况进行适当处置，并结合前述管理信息和资源信息的变化及时做出生产线上的调整，以适应需求或条件的改变，达到最佳生产业绩和产品实现。

6. 维护管理信息

MES 的维护管理信息指设备和工具的维护作业情况和备用情况，用以确保定期维护的实施或每当问题发生时的反应以及故障的处理与恢复，同时也为调度人员提供准确的设备和工具实时状况，使管理人员能在设备或工具出现异常时迅速做出反应，以避免可见和不可见的风险。管理人员还可以通过维护管理信息的历史记录来协助预防并诊断新出现的问题。

7. 产品追踪信息

MES 的产品追踪信息指正在制造过程中和已经生产的产品的全部状态信息，包括已生产产品的物料组成（包括原料产地、化学成分、物理特性和质量情况等）、批次、序列号、作业标准、工艺过程及路线、规定的工艺参数与实际值、设备及工具情况、操作者、质量检验情况以及产品去向等，这有利于在出现问题时或在进行生产工艺过程分析时，获得准确、真实且全面的信息。正在制造过程中的产品信息包括既往过程及记录、当前生产情况、条件及记录，后续的工艺走向，既往的任何报警信息以及返工（返修）或者与产品有关的其他例外情况。通过数据发掘，它可用于产品质量异议处理、生产工艺过程及参数的及时分析和改进以及生产策略或计划的调整。

8. 执行分析信息

MES 的执行分析信息主要指系统通过比较得出的最新作业实绩以及以往作业结果与标准、规范、合同等书面文件的比较关系。可通过从不同的数据报表功能中收集、汇总各种作业参数，在 MES 中进行优化和比较后，最终得到能对既往和现在作业活动进行全面评价的输出结果。其输出具体包括作业过程的缺陷判断、设备及工具合理配置的分析、人员操作状况的分析、过程方法错误的发现、控制方式瑕疵的确定等一切有利于改进的结果。

MES 中的数据可分为基础数据和动态数据两类。基础数据包括原料、燃料、能源、产品、技术文件的数字化，设备及工装夹具编码，人力资源编码，工艺流程编码确认、信息统一等，内容庞杂、种类繁多，且基础数据有准确与不准确、规范与不规范、实时与过时之分。动态数据指系统从过程计算机中收集和整理的数据，通常将生产的实时数据从过程计算机的数据库中取出，或直接从现场 PLC 中取得。

参考文献

[1] 吴斌方，陈中瑾，汪超台. 基于制造执行系统（MES）数据采集的研究与实现[J]. 中国集体经济，2008(27)：177-178.

[2] 邓全亮，邹益仁. 基于 OPC 技术的系统集成[J]. 计算机应用研究，2005(1)：160-161.

[3] 周本华，吴旭光，郭培龙，等. 现场数据采集技术及在智能制造系统中的应用[J]. 制造技术与机床，2016(6)：33-39.

[4] 朱晓蓉，齐丽娜，孙君. 物联网与泛在通信技术[M]. 北京：人民邮电出版社，2010.

[5] 刘威，乔立红，杨建军. 基于服务的制造数据管理[J]. 计算机集成制造系统，2009，15(7)：1342-1348.

[6] 何苏杭. ERP 下企业采购成本管理[J]. 经济研究导刊，2016(29)：147-148.

[7] BOIKO O, SHENDDRYK V, SHENDRYK S, et al. MES/ERP integration aspects of the manufacturing automation[M]. Cham：Springer, 2020.

第 2 章 数据模型

数据模型是对现实世界中的复杂问题的抽象表达,描述了数据结构、数据操作和数据的完整性约束[1]。数据模型根据抽象的层次可以划分为概念数据模型、逻辑数据模型和物理数据模型。概念数据模型主要是站在用户的角度描述世界的概念化结构,它只包含具体的业务领域中的关键实体,并描述实体与实体之间的关系,与具体的数据库管理系统无关。逻辑数据模型是由概念数据模型转换而来的,它是根据业务需求设计的模型,赋予实体具体的属性。逻辑数据模型通过范式化和抽象化转换概念数据模型,面向具体的数据库管理系统,但是它不考虑物理上的设计,例如数据的存储等。常见的逻辑数据模型包括网状模型、树状模型、关系模型等。物理数据模型是在逻辑数据模型的基础上,考虑到操作系统和硬件、技术实现、性能等因素进行数据库设计,实现数据在数据库中的存储。物理数据模型具体的内容是确定所有的表和列、列的数据类型、默认值、主键、外键以及索引等。可以通过创建索引、分区、视图、去范式化等操作将逻辑数据模型转换为物理数据模型。

2.1 树状模型

树状模型诞生于 20 世纪 60 年代,主要用于复杂制造项目的大量数据管理,如 1969 年阿波罗火箭登陆月球[2]。树状模型又称为层次模型,是以树状形式来描述实体与实体之间的关系,适用于描述只有一对多关系的应用。树状模型由节点和指针组成,节点表示实体集,指针表示实体集之间一对多的关系。其中,"一"对应的实体是父节点,"多"对应的实体是子节点。如图 2-1 所示,计算机系是父节点,对应"一",计科 1801 班、计科 1802 班、计科 1803 班这 3 个班是子节点,对应"多"。

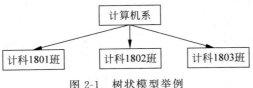

图 2-1 树状模型举例

树状模型的结构需要满足以下条件：

（1）只有一个节点无父节点，即根节点。

（2）除根节点以外的其他节点有且仅有一个父节点，但可以有多个子节点。

（3）没有子节点的节点称为叶子节点。

树状模型的优点在于结构简单、易于实现、很清晰地表达一对多的关系，另外在查找上因为就是树的查找，所以查询效率高。但是缺点也很明显，对于不是一对多的关系用树状模型表达起来很复杂，需要冗余数据，从而带来一致性问题，而且该模型缺乏统一的标准，所以难以管理。

2.2 网状模型

推动数据库发展的先驱——查尔斯·巴赫曼

为了解决树状模型的局限性，在20世纪70年代，数据库专家发布了许多数据库标准，美国数据系统语言会议（Conference on Data System Languages，CODASYL）建立了专门的数据库工作组（data base task group，DBTG），负责定义各种数据库的规范，其中最重要且影响深远的3个规范是模式、子模式和数据管理语言（data management language，DML）[2]。

1. 模式

模式用于定义数据库名称，记录类型和由记录构成的组件，是整个数据库的概念结构。

2. 子模式

子模式用于定义访问数据库数据的应用程序所看到的数据库。它的存在使得应用程序只需要调用子模式就能访问数据库文件。

3. 数据管理语言

数据管理语言用于定义管理数据的环境，包括：数据定义语言（DDL），帮助数据库管理员定义模式组件；子模式DDL，帮助应用程序定义应用所需要的数据库组件；数据操纵语言（DML），用于访问或操纵数据库中的数据，也就是我们熟知的增、删、改、查。

这些标准的定义使得出现了很多新的数据模型，其中网状模型最受欢迎。网状模型可以比树状模型描述更为复杂的实体间的联系。与树状模型不同的是，网状模型允许一个节点拥有多个父节点，也允许多个节点没有父节点。在网状模型中，实体之间的联系用集合表示，每个联系由两个记录构成：主记录和属记录，一个集合代表了主记录与属记录之间的一对多的联系。以选课系统为例，我们知道学生和课程之间是多对多的关系，网状模型不能直接表示多对多的联系，所以需要引入一个学生选课的连接记录，学生和选课之间是一对多的关系，课程和选课之间也是一对多的关系。选课记录由3个数据项组成：学号、课程号和成绩，表示某个学生选修某门课以及成绩。网状模型表示如图 2-2 所示,可以看到,一个学生记录对应多个选课记录,一个选课记录只能对应一个学生记录,课程记录和选课记录也是如此的关系。

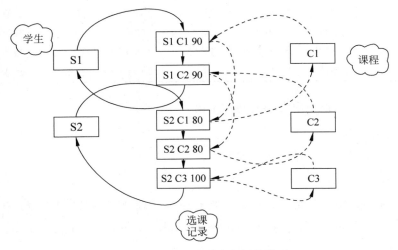

图 2-2 选课系统对应的网状模型

网状模型的优点在于可以更好地描述世界,具有良好的性能,存取效率高。但是随着信息量的爆炸式增长,网状模型越来越不能满足人们的要求,因为其结构复杂,不利于用户使用。

2.3 关系模型

关系模型的概念是由 IBM 公司的 E. F. Codd 首次提出的,目前已经是数据库技术中的主流数据模型。很多厂商都推出了关系数据库软件,如 Oracle、DB2、MySql、Sql Server 等。由于树状模型和网状模型都存在很大的局限性,所以在 20 世纪 80 年代,它们几乎被关系模型所替代,关系模型的提出开启了真正的数据库变革时代。关系模型是以二维表的结构来表示实体与实体间的联系,适合处理规则化的、结构化的数据。

E. F. Codd
与他的
关系模型

2.3.1 关系模型的数据结构

首先需要理解关系的概念。在用户视角下,关系就是一张二维表,由行和列构成,如表 2-1 所描述的学生信息关系。这里的表是逻辑结构而不是物理结构,所以在物理层面,任何存储结构都能来存储表中的数据。

表 2-1　学生信息表（student 关系）

ID	name	gender	age	phone_number	department
20171001	张珊	女	21	181****3233	计算机系
20171002	李勇	男	21	181****5543	计算机系
20171003	王斌	男	20	159****7829	计算机系
20171004	赵欣	女	21	159****4823	数学系
20171005	齐诚	男	19	159****7622	医学系

下面介绍关系模型中常用的基本术语。

1. 关系

关系在用户看来就是一张二维表。

2. 属性

二维表中的第一行是其余行每一列对应的标题，称作属性或字段。例如学生信息表中的 6 个属性：ID、name、gender、age、phone_number、department。

3. 域

对于每个关系的属性的取值范围称为域，所以 student 关系中 age 属性的域就是学生所有年龄的集合，name 就是所有可能的学生名字的集合。在域里面，还有一个特殊的值是空（null），表示这个值不存在或者不知道。

4. 元组

二维表中除了第一行以外的每一行称作一个元组或一条记录，我们用关系实例这个术语来表示表中特定的一行。例如，表中 student 关系中有 5 个实例，也就是 5 个元组，对应 5 个学生。student 关系中的一个元组：（20171005，齐诚，男，19，1599****622，医学系），因为关系可以看作元组的集合，所以在关系中，元组的顺序是无所谓的。为了便于说明，我们在后续章节里显示关系时，通常按照第一个属性进行排序。

5. 分量

元组中的每个属性的值称为分量。例如元组（20171005，齐诚，男，19，1599****622，医学系）中有 6 个分量，分别是属性 ID 对应的分量"20171005"，属性 name 对应的分量"齐诚"，属性 gender 对应的分量"男"，属性 age 对应的分量"19"，属性 phone_number 对应的分量"1599****622"，属性 department 对应的分量"医学系"。

对所有关系而言，我们要求每个属性的域都是原子性的，即每一个分量都是不可分的数据项。如表 2-2 的工资属性可以被拆分为基本工资、加班费和住房补贴，所以工资对应的数据项是可分的数据项，是不符合规范的。

表 2-2 职工薪资表

职工号	姓名	职位	工资/元		
			基本工资	加班费	住房补贴
196748	张三	工程师	20000	3000	1000
……	……	……	……	……	……

6．关系模式

关系模式是对关系的描述,对应二维表中的第一行,具体描述为：关系名(属性 1,属性 2 ,……,属性 n)。这里需要区别关系实例和关系模式的概念,可以类比于程序设计语言中变量的值和变量的类型定义。关系实例相当于变量的值,是可以不断变化更新的,当关系模式发生改变时,关系实例也会随之更新。反之,关系模式像变量的类型定义一样,是不常变化的。表 2-3 展示的分数关系,其关系模式是 score(ID,course_id,grade)。

表 2-3 分数表(score 关系)

ID	course_id	grade
20171001	C001	97
20171002	C001	89
20171003	C002	70
20171004	C003	74
20171005	C004	82

注意：ID 属性在分数关系中出现了,也在 student 关系中出现了,这个属性非常关键,它是关系模型里将不同的关系联系起来的一种方法。例如,我们想知道课程 C001 最高分的学生的姓名,首先需要在 score 关系中找到 C001 课程的最高分对应的属性 ID,然后在 student 关系中找到与此 ID 对应的属性 name。

7．码

在关系中,没有两个元组在所有属性的取值上是相同的,所以用属性值来区分不同的元组。

码是数据库系统的基本概念,可以唯一地标识一个元组,具体可分为超码、候选码、主码和外码。

1) 超码

超码是一个或多个属性的集合形成的码。例如,student 关系中的属性 ID 就是一个超码,可以标识每一个学生,name 属性就不是超码,因为不同的学生可能姓名相同,但是{ID,name}组合就是一个超码,因为它也可以唯一地标识一个元组。因此可以看出超码可以包含任意属性,只要满足唯一标识一个元组的条件即可。此外,如果 R 是一个超码,那么 R 的任一超集都是超码。

2）候选码

最小超码称为候选码，即它的任意真子集都不能成为超码。在一个关系中，可以存在多个候选码。例如在 student 关系中，phone_number 可以唯一标识一个元组，ID 也可以唯一标识一个元组，那么{ID}和{phone_number}都是候选码。但是{ID,name}不能作为候选码，因为这个组合中的 ID 已经是候选码。

3）主码

从候选码中选出一个作为主码。主码的选择必须谨慎，应该选择那些值很少变化的属性，在关系模式中，一般主码放在属性列的最前面。例如在 score 关系中，{ID,course_id}为主码。

4）外码

如果一个关系模式中的属性是另一个关系模式的主码，那么这个属性称为外码。外码的取值要么为空，表示目前不确定，要么是对应主码的某个值。例如在 score 关系中，ID 属性可以作为外码，因为 ID 是 student 的主码。在 score 关系中任取一个元组 a，在 student 关系中必定存在某个元组 b，使得 a 在属性 ID 的值与 b 在属性 ID 的值相同。

外码也可以取空值。例如，有两个关系模式如下：

员工（员工号，名字，部门号）

部门（部门号，名字）

其中，员工关系中的属性"部门号"是外码，对应部门关系中的主码"部门号"，如果某个员工还没有分配部门，则"部门号"属性是空值，如果分配了具体的部门，则取值是确定的并一定对应部门关系中的属性"部门号"的值域中的某个值。

此外，外码引用的属性名不一定是同名，只需保证语义相同且值域相同。例如，表 2-4 表示的 course 关系中的属性"ID"与 score 关系中的属性"course_id"虽然命名不同，但都表示课程号。所以 score 关系中的"course_id"可以作为外码，引用了 course 关系中的属性"ID"。

表 2-4 课程信息表（course 关系）

ID	course name	credit
C001	微积分	3
C002	计算机组成原理	3
C003	英语	2
C004	操作系统	3

2.3.2 关系模型的关系操作

关系操作可以看作一组基于高等数学概念的集合操作。在数据操纵语言（DML）中，关系操作分为查询和更新两大类。其中，更新包括删除、插入、修改。

查询又称为关系运算,表达方式上分为关系代数和关系演算两类,关系代数指的是以集合运算为基础的查询操作,关系演算是指以谓词演算为基础的查询操作。接下来通过简单地介绍关系代数运算来说明查询过程。

关系模型详解

关系代数定义了在关系上的一组运算,以一个或者两个关系为输入,输出一个关系。关系代数的基本运算包括选择、投影、并、差、笛卡儿积。

1. 选择运算

选择运算是一元运算,即对一个关系进行运算。选择运算是从关系中选择满足给定条件的元组,形式为 $\sigma_F(R)$。用希腊字母 σ 表示选择,谓词 F 作为 σ 的下标,括号里面的 R 表示关系。例如,选择 student 关系中所有计算机系的学生,可以写作

$$\sigma_{\text{department}="计算机系"}(\text{student})$$

得到的结果如表 2-5 所示。

表 2-5 选择所有属于计算机系的学生的结果

ID	name	gender	age	phone_number	department
20171001	张珊	女	21	181****3233	计算机系
20171002	李勇	男	21	181****5543	计算机系
20171003	王斌	男	20	159****7829	计算机系

在选择谓词中,我们可以用比较运算符 $>$、$\geq$、$<$、$\leq$、$=$、$\neq$,进行属性和数值的比较,也可以进行属性和属性的比较;还可以用逻辑运算符 $\wedge$、$\vee$、$\neg$,将多个谓词组合在一起。例如,我们想找到计算机系年龄大于 20 岁的学生,书写格式如下:

$$\sigma_{\text{department}="计算机系" \wedge \text{age}>20}(\text{student})$$

2. 投影运算

投影运算是一元运算符,即对一个关系进行运算。投影运算是选择某些列组成新的关系,形式为 $\Pi_A(R)$,用希腊字母 Π 表示投影,A 表示被选出的列,括号里面的 R 表示关系。假设我们要列出所有学生的 ID、name 和 age,可以写作

$$\Pi_{\text{ID,name,age}}(\text{student})$$

得到的结果如表 2-6 所示。

表 2-6 投影运算的结果

ID	name	age
20171001	张珊	21
20171002	李勇	21
20171003	王斌	20
20171004	赵欣	21
20171005	齐诚	19

3. 并运算

并运算是二元运算，即对两个关系进行运算。其形式为 $R \cup S$，其中 R 和 S 都表示关系，但是需要满足一些条件，后面我们会介绍。假设有一个查询，查询 student 关系中年龄小于或等于 19 或者年龄大于 20 的学生。首先我们先找到年龄小于或等于 19 的学生：

$$\sigma_{\text{age} \leqslant 19}(\text{student})$$

然后找到年龄大于 20 的学生：

$$\sigma_{\text{age} > 20}(\text{student})$$

最后需要将这两个集合并起来：

$$\sigma_{\text{age} \leqslant 19}(\text{student}) \cup \sigma_{\text{age} > 20}(\text{student})$$

如果我们只需要学生的学号，则可以写作

$$\Pi_{\text{ID}}(\sigma_{\text{age} \leqslant 19}(\text{student}) \cup \sigma_{\text{age} > 20}(\text{student}))$$

由此可以发现，对于并运算 $R \cup S$，需要满足以下两个条件：

(1) 关系 R 和 S 是同元的，即具有相同的关系模式；

(2) 关系 R 中的第 i 个属性和关系 S 中的第 i 个属性两者域相同。

4. 差运算

差运算是二元运算，即对两个关系进行运算。其形式为 $R - S$，结果表示属于关系 R 不属于关系 S 的元组。差运算像并运算一样，也需要满足关系 R 和 S 是同元的，且关系 R 中的第 i 个属性和关系 S 中的第 i 个属性两者域相同。

例如，我们需要找出年龄大于 19 但是不大于 21 的所有学生的姓名：

$$\Pi_{\text{name}}(\sigma_{\text{age} > 19}(\text{student})) - \Pi_{\text{name}}(\sigma_{\text{age} > 21}(\text{student}))$$

5. 笛卡儿积

笛卡儿积是二元运算，即对两个关系进行运算。其形式为 $R \times S$，表示将两个关系的所有信息组合在一起。详细来说，假设关系 R 有 m 个属性，关系 S 有 n 个属性，则 $R \times S$ 有 $m+n$ 个属性。但是，如果关系 R 和 S 中出现了相同的属性，则需要做出区分，我们在表示方法上常常将属性前面加上属性所属的关系。例如，关系 student 和关系 score 的笛卡儿积为

$$\text{student} \times \text{score}$$

结果得到的关系模式为

(student. ID, student. name, student. gender, student. age, student. phone_number, student. department, score. ID, score. course_id, score. grade)

对于只出现在其中一个关系里面的属性，可以省略指定关系。所以，上述例子的关系模式可以简化为

(student. ID, name, gender, age, phone_number, department, score. ID, course_id, grade)

在实际应用中,直接做笛卡儿积的操作经常是无意义的。通常情况下我们会选择对于进行笛卡儿积运算的两个关系在相同属性上的取值相等。这样的操作称为自然连接,形式为 $R \bowtie S$。自然连接计算的过程是先计算两个关系的笛卡儿积,然后按照两个关系中相同属性值相等的条件进行选择,最后去除重复的属性。假设对于关系 student 和关系 score 进行自然连接,则只需考虑两个关系中的相同属性即 ID 上的值相等的元组集合。例如,我们需要查询"所有学生的姓名以及他们选择的课程",自然连接的写法如下:

$$\Pi_{\text{name, course, id}}(\text{student} \bowtie \text{score})$$

2.3.3 关系模型的完整性约束条件

1. 实体完整性

实体完整性约束是对主码而言的,主码作为可以唯一标识一个元组的键,每个关系表中都必须定义一个主码,主码取值不能为空值且无主码值相同的元组。

2. 参照完整性

参照完整性约束是对外码的约束,外码的取值要么为空值,要么为参照关系中的主码的值,这点在介绍关系模型的码的时候有详细讲解。

3. 用户定义的完整性

用户定义的完整性与具体的应用场景有关,不是所有的关系模式都必须有的。可以简单地理解为指明属性的取值范围和取值类型,保证数据满足应用语义的要求。例如,学生的成绩的取值范围是 0~100 或者学生的手机号的长度为 11 位。

关系模型建立在严格的数学概念的基础上,有坚实的理论支撑,而且其概念单一,所有的联系都是用关系来表示的,查询结果也是关系。它的优点在于表是纯粹的逻辑结构,用户和开发人员不用关心表数据如何在数据库中存放。另一个优势在于它支持灵活的查询语言,对于大多数关系数据库而言,都是用结构化查询语言 SQL,所以用户可以使用 SQL 创建表结构,存取数据和维护表结构。

2.4 图模型

图,简单来说就是顶点和边的集合。图模型中的节点就代表实体,边就代表实体与实体间的联系。在我们了解科学、政府和商业的数据集广泛的多样性的过程中,图起到了极大的作用。现实世界完全不同于关系数据库背后的基于表的模型,它形式丰富且相互之间充满关联。一旦了解图,你就会发现图无处不在。比如,Gartner 定义了商业世界的 5 个图——社交、意向、消费、兴趣和移动,并指出运用这些图的能力是一个"可持续的竞争优势"[3]。

《图数据库》[美]伊恩·罗宾逊等著

下面通过例子来了解图模型的基础知识。图 2-3 是一个社交网络的例子,是图模型最基础的应用。图模型中使用最广泛的是带标签的属性图模型,它主要有以下特征:

(1) 由节点、标签、联系、属性组成。

(2) 节点上包含属性,可以把节点当成存储属性的文件,属性以键值对的形式存在,例如图 2-3 中的姓名:Bob。

(3) 节点可以被打上标签,表示某些节点属于同一个集合,如图 2-3 中所有人属于用户这一集合。

(4) 联系连接节点,每个联系都有一个确定的方向、起始节点以及名字。

(5) 联系上也可以增加属性,用来做约束查询。

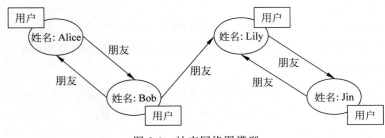

图 2-3 社交网络图模型

2.3 节介绍的关系模型在表格化的数据上处理得很好,但是不具有显性的关联性,处理关联数据只能通过表连接等操作完成,对于像社交网络这种复杂的、庞大的数据,处理起来需要大量的连接、非空逻辑检查等操作,严重影响性能。所以我们需要图模型,在图的世界中,关联会被存储下来,只要问题域中存在关联,数据中就存在关联。下面举例说明图数据库在处理数据之间的联系上优于关系数据库。假设有 3 个关系模式如下:

员工(员工号,员工姓名)

对应关系表(部门号,员工号)

部门(部门号,部门名称)

假设一个员工可以属于多个部门,每个部门可以包含多个员工,我们查询"某员工属于哪个部门",具体查询流程如下:

(1) 在员工信息表中根据员工姓名找到对应的员工号。

(2) 在对应关系表中使用员工号找到所有对应的部门号。

(3) 在部门表中根据部门号一一找到对应的部门名称。

在一个公司中,人数很多的时候,员工和部门的对应记录则会非常多,步骤(2)的查询效率将会比较低,如图 2-4 所示。

如果使用图 2-5 所示的图模型表示员工和部门的对应关系,员工和部门在同

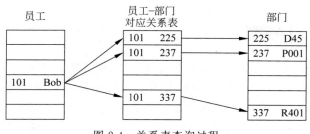

图 2-4　关系表查询过程

一张图中,则可以通过边直接建立联系,而不像在关系模型中,需要用 3 张表。查找步骤如下:

(1) 在员工标签 Person 上建立的索引中找到某员工对应的节点。
(2) 在通过节点保存的联系中找到对应的部门。
(3) 读取具体的部门。

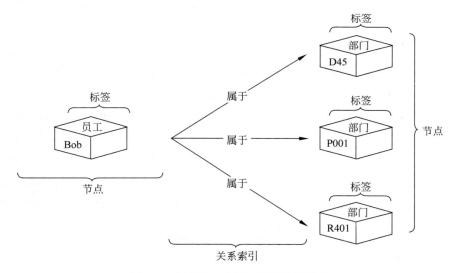

图 2-5　表示员工和部门关系的图模型

虽然查询都分为 3 步,但是在图模型中,查询的第(2)步不需要进行索引查找,即使这个节点对应了很多种联系,也会比在关系模型中员工和部门的对应关系表的记录少很多,在人数很多的情况下,甚至不是一个数量级的。

图模型的优点在于非常灵活,增加新的联系和节点后不会影响现有网络,也不用做数据迁移。相比传统数据模型,图模型更"白板友好",以图的形式来看待数据。图模型由实体及其关系组成,也就是说,它们没有映射到表,用户可以直接按实体和关系处理数据。因此,使用图模型进行数据建模比使用关系模型更简单、更直观。热门图形数据库包括 Neo4j 和 Graph 等。

2.5 键值对模型

Apache Cassandra 文档

随着信息量的爆炸式增长,数据维度增多,但每行数据并不是所有维度都有对应的值,可以看作一个稀疏矩阵,如果采用之前的存储方式,就会造成存储空间浪费,因为没有对应值的时候在存储时需要置空,会增加寻址时间[4]。键值对模型可以解决这个问题,它按照键值对的形式进行组织、索引和存储。目前常用的 key-value 系统有 cassandra、hbase、bigtable 等。

键值对存储有以下特点:

(1) 每一行都有一个 key 可以标记一行数据。

(2) 在每一行除了 key 以外的每一列的数据都包含键(元数据)和值(数据)。

这样组织元数据和数据是因为之前的存储每一列的数据都有确定的含义,存储上需要处理空值,但是键值对存储是将元数据和数据放在一起,所以就不需要根据数据在哪一列去判断数据的含义,对于空值也不需要浪费存储空间。

表 2-7 是一个简单的键值对存储的例子,每一行有很多列组成,每一列都是 key-value 的形式。若将上面这种形式转换成关系模型,可以看到,对于 123 行,由于没有 status 和 job 两个属性的值,存储的时候就需要置空,如表 2-8 所示。

表 2-7 键值对存储举例

行	123	name	age	gender			
		Jin	24	male			
	124	name	age	gender	status	job	name
		Lily	23	female	single	teacher	Lily

表 2-8 键值对存储转换成关系模型

key	name	age	gender	status	job
123	Jin	24	male	null	null
124	Lily	23	female	single	teacher

键值对存储的优点在于:

(1) 值上可以存储各种形式的信息。

(2) 更新代价比较低。在关系模型中,如果想增加一列,即修改元数据,意味着表中每一行数据都要做更新操作;但是在键值对存储中,只需要在相关列族配置中添加一列的信息,并找到需要修改的行,加上键值对即可,其他的行无需更新。

2.6 总结

表 2-9 总结了上述 5 种数据模型的优缺点。

表 2-9 数据模型优缺点

数据模型	优 点	缺 点
树状模型	(1) 可以高效地处理 1：n 的实体间的联系 (2) 结构简单，查询效率高 (3) 提供了数据完整性支持，若要删除父节点，其子节点需要一起删除	(1) 没有 m：n 的联系 (2) 父子结构对插入和删除限制较多，查询子节点必须经过父节点 (3) 实现复杂，需要了解物理存储等细节
网状模型	(1) 更直观地表示实体间的联系，可以处理复杂的联系，如 m：n 联系 (2) 具有高效的存取效率 (3) 在插入和删除时没有层次模型的严格限制，可以删除父节点保留子节点，也可以插入没有父节点的节点	(1) 结构复杂，应用环境越大，数据结构越复杂，用户不易管理和使用 (2) 数据独立性差，这种导航式的数据结构需要记录对数据的操作以及操作的路径
关系模型	(1) 结构单一，便于数据库管理和使用 (2) 有严格的数学理论支撑 (3) 存储路径对用户透明，具有更高的数据独立性和安全性	(1) 不节省空间，对于空值也需要分配存储空间 (2) 存取路径的透明性导致查询效率不如格式化模型（树状模型和网状模型）
图模型	(1) 可以更直接地表达现实世界中的联系 (2) 可以高效地处理大规模的关联查询 (3) 可以灵活扩展，对于已存在的图结构进行扩展不会影响现有的功能	(1) 不适合记录大量基于事件的数据 (2) 相关图查询语言比较多，没有很好地统一
键值对模型	(1) 可实现快速查询，支持大数据量和高并发 (2) 更新代价低，扩展性比较好	(1) 数据的完整性和安全性没有保证 (2) 不支持 SQL 工业标准，如不支持使用 where 语句对 value 值的过滤查询

参考文献

[1] BRACKETT M,MOSLEY M,BOOKSX I,et al. The DAMA guide to the data management body of knowledge[M]. NewJersey：Technics Publications,2009.

[2] ROB P, CORONEL C. Database systems: design, implementation, and management[M]. California: Course Technology, 2004.
[3] ROBINSON I, WEBBER J, EIFREM E. Graph databases: new opportunities for connected data[M]. California: O'Reilly Media, Inc., 2015.
[4] CARPENTER J, HEWITT E. Cassandra: the definitive guide[M]. California: O'Reilly Media, Inc., 2010.

第 3 章

数据管理技术

3.1 概述

在具体介绍数据管理技术之前，先考虑大家熟悉的场景——档案管理。制造领域通常会产生设计文档。这些文档通常交由专门的部门（如档案室）管理。档案室将这些文档归类，编上号，放入文件盒里，然后再将文件盒放置到不同储藏室的文件架上。保管员会为文档建立索引：记载文档号、名称及存放位置。当下次查找文档时，先根据索引获取文档存放的位置，再取出文档。在以上过程中，涉及文档的归类表达（即建模）、文档的组织、编号、存放、索引及检索等方法。

数据管理与之类似，同样涉及以上问题。不同的是，这些问题在数字化领域以新的形式存在。首先，数据如何组织起来在存储介质中进行存储，即哪些数据该放在一起，如何按所设计的某种结构存储这些数据。其次，如何定位数据。数据存储后不是完事大吉，还要知道数据的存放位置以便于检索，这需要建立数据与存放位置的对应关系，即索引。再次，如何检索数据。一般来说，普通用户不知道也不需要知道数据如何存储。数据存储系统需要提供便捷的方式，如查询语言，供用户描述待检索的数据特征。系统根据用户的描述，从存储介质中取出所需要的数据返回给用户。最后，数据管理系统所采用的架构。大数据时代，各个领域的数据规模增长迅速。制造业是国民经济第二产业的主体，其数据规模增长尤其迅速。不同的制造数据规模及用户对性能的需求，决定了数据管理系统所采用的架构。一般数据管理系统可采用集中式或分布式方式管理数据。

本章将介绍数据管理所涉及的数据表达及存储技术、索引技术、查询语言以及数据库设计及应用技术。

3.2 数据表达及存储技术

目前的数据管理系统根据数据的表达及存储方式，可分为两大类：关系数据库和非关系数据库。在许多行业及领域中，关系数据库是管理数据的常见选择。

但在用关系数据库管理数据之前,先要识别实体之间的联系并规范化以形成符合设计要求的关系模式。这需要资深的专业人士来完成。一旦设计好关系模式,很难更改。例如,当对设计好的数据表增加或删除字段时,可能破坏关系的原有范式,导致数据不一致,乃至数据错误。因此,在关系数据库里增删字段极为麻烦。

我们需要一次怎样的数据架构变革?

包括制造数据在内的大数据存在多样性、关联复杂性、动态等特性,使得关系数据库在处理这些数据时面临诸多挑战。例如,制造领域数据既有数值数据,也有文本数据、图片等。制造数据不但体现了所对应零部件之间的复杂装配关系,而且还反映了数据之间的内在关联,制造数据的特性对关系数据库构成了巨大挑战。

针对各领域大数据的管理需求,涌现了许多 NoSQL(Not Only SQL)数据库。NoSQL 数据库有着一个共同的特点,即在不同程度上去掉了关系数据库的某些特性,如关系的规范要求,事务的原子性(atomicity)、一致性(conslstency)、隔离性(isolation)、持久性(durability)(简称 ACID 特性)等。一般来说,NoSQL 数据库不需要事先为待存储的数据建立规范的关系描述,可随时自定义数据格式并存储。NoSQL 数据库可分为键值数据库、列族数据库、文档数据库和图数据库等。键值数据库(如 Dynamo、RocksDB 和 LevelDB 等)只存储键和对应的值。由于键和值不能支持复杂数据类型,键值数据库适合于简单数据类型,这也限制了它的应用范围。与键值数据库不同,列族数据库允许每行可以有自己的模式,因此能够处理半结构化数据,特别适合实时数据分析。典型的列族数据库包括 Google 的 BigTable[2] 和 Apache 的 Cassandra。文档数据库(如 MongoDB 和 CouchDB 等)将键值对保存在文档中,是最灵活的一种键值对存储系统,适合存储大规模离散无关的文档。

下面将分别介绍这 5 类数据存储系统。

3.2.1 关系数据库

MySQL 教程

关系数据库存储的是 2.3 节介绍的关系模型。关系数据库存储表时,可以按行进行存储。即存储完第一行后,接着存储第二行,直至把表中的记录全部存完。这种存储方式称为行存储。采用行存储的数据库有很多,如 MySQL、Postgre 等大多数传统的关系数据库。由于一条记录存放在一起,行存储特别适合以记录为单元的数据库操作。例如,电商平台通常一起存取单个用户的一次消费记录的所有字段。比如当用户购买轮胎时,电商平台将用户的消费记录一起写入数据库。当用户查询时,电商平台将该条轮胎购买记录读取出来。从以上叙述可以看出,行存储特别适合按行访问数据的场景。

电商不仅需要记录用户的消费记录,还需要分析销售数据,如商品的畅销程度等。这类数据分析应用通常访问关系表中的少数列(如订单金额)。若采用行存储,需定位到每一行的对应列,然后读取。显而易见,对于分析应用,行存储会导致数据访问开销大、效率低。因此,数据库领域的研究人员设计了列存储。与行存储对应,列存储按列存储:存储完关系表中的一列后,再存放紧接的一列,直至把所有列存完。因此,列存储适合计算聚合的分析型工作负载,例如查找趋势、计算平均值等。为便于进行大数据分析,一些新的关系数据库(如 MonetDB)采用了列存储。

3.2.2 键值数据库

在键值数据库里,数据可以是 JSON 对象、图像或文本等二进制大对象(Binary Large Objects,BLOB)。当存取数据时,只需要通过键进行索引。由于数据的上述特征,在多数键值数据库里,系统一般只对数据提供极为有限的操作,如存储和检索,不对数据做复杂操作,如运算。对数据的操作一般交给上层应用来完成。

相比于关系数据库,键值数据库看起来很简单。关系数据库要求所存储的数据满足特定的模式,而键值数据库没有为所存储的数据指定任何模式,因此,同一键通常可用于存储许多不同类型的数据。键值数据库不存储空值,这也给上层应用带来了麻烦。为了方便应用识别数据类型,用户可为键设计有助于识别值的命名方案,并确保值具有适当的类型和格式。由于键值数据库中没有定义模式,所以它不能提供数据的完备性检查。

在数据处理模型上,关系数据库对数据的处理通常由事务(transaction)组成,事务遵循 ACID 原则。而键值数据库通常不支持事务。

关系数据库领域定义了统一的查询语言 SQL,所有关系数据库都可以采用 SQL 语言编写程序访问数据库。而键值数据库没有定义统一的查询语言,各键值对存储系统自行定义数据访问的 API,而且支持的查询也比较简单,如 GET、PUT,这给程序员实现复杂的数据操作带来了不小的负担。

键值数据库的典型应用场景包括电子商务。在电子商务网站可用键值数据库保存会话信息、配置文件、参数、购物车、用户信息等。在这些场合,相比于关系数据库,键值数据库优势明显,它提供了对此类数据的快速、低复杂性访问。

3.2.3 列族数据库

列族数据库也称为非关系列存储(non-relational column stores)或宽列数据库(wide-column databases)。在列族数据库里,列族是一组行,每一行可包含多列。每一列有 3 个属性:列名、列值和时间戳。其中,时间戳自动附加到每列上。

从表面上看,列族数据库与关系数据库颇为相似。例如,与关系数据库一样,列族数据库在存储数据时使用行和列等概念。但是在列族数据库中,这些元素之间的关联与关系数据库使用它们的方式截然不同。列族数据库的列族类似于关系表,由若干数据行组成。不同的是,每一数据行有自己的结构。每行由一个唯一的行标识符以及一组列名称和值组成。每行的列可以不一样。每行可以有不同数量的列和不同类型的数据。因此,列族中的每一行都可定义自己的模式。由于该模式只作用于一行,因此可方便地修改。

与键值数据库相比,列族数据库相当于在键值数据库中的值中嵌入键值对(图 3-1)。其中,键对应于行标识符,值是一组列名和列值对(键值对)。因此,列族数据库可视为键值数据库的扩展。

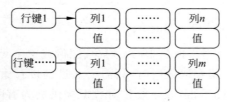

图 3-1　标准列族存储

以轮胎信息管理为例,轮胎信息通常需要包括胎宽、扁平比、轮毂直径、载重指数、速度指数、品牌、系列、生产时间、价格等信息,用标准列族存储如图 3-2 所示。

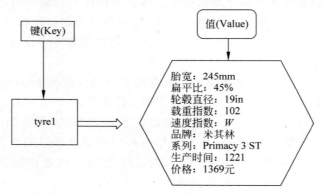

图 3-2　标准列族存储示例

若列族数据库中每列的值不是复合数据类型,则称为标准列族(standard column family)数据库。与关系数据库相比,标准列族数据库对应关系数据库中的表,每一键值对与表中一行对应。为了方便存取,每一列族通常单独存在一个文件里。在标准列族的值上若再嵌入键值对,则形成三层或更多嵌套。在这种情况下,列族中每一列的中值部分不是简单的值,而是键值对。这种结构称为超列(super column)。超列的键是超列名,值部分是多个列。这种存储结构称为超列族(super column family)数据库。如图 3-3 所示,行键的值部分对应着多个超列,而超列的值部分是若干列。

图 3-2 所示的轮胎信息可分为两部分:轮胎型号信息数据和生产信息数据。分别视为一超列族(图 3-4)。轮胎型号超列包括胎宽、扁平比、轮毂直径、载重指数、速度指数等共 5 列。生产信息超列包括品牌、系列、生产时间及价格共 4 列。用户如果只关注轮胎型号,那么只需读取轮胎型号超列。如果用户关注轮胎品牌信息,则可以访问生产信息超列。因此,将轮胎信息分成两个超列可以降低数据访

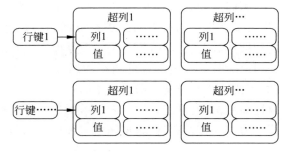

图 3-3　超列族数据库

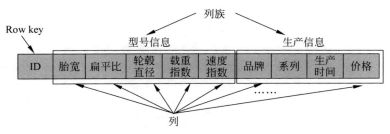

图 3-4　轮胎信息组织成两超列

问量,提高性能。

由于一记录的所有数据都可以通过一个行标识符进行访问,因此不需要大量开销来查找和存取信息。列族数据库可提供高的行读写性能和高扩展性,但是它不适合处理连接操作。此外,列族数据库的操作都以行为基础,这意味着列族数据库不适合处理求和、求平均等数据分析操作。

3.2.4　文档数据库

文档数据库也称为面向文档的数据库或文档存储。文档数据库有着与键值数据库类似的访问和检索语义,本质上是键值数据库的一种。文档数据库还使用一个键来唯一地标识数据库中的数据。文档数据库不是存储任意的数据块,而是以文档作为单元的结构化格式存储数据。每个文档存储采用不同的方式实现。但总的来说,文档数据库在单个数据库中允许不同类型的文档,允许它们中的字段是可选的,并且通常允许它们使用不同的编码系统进行编码。文档通常使用 JSON、BSON、XML、YAML,以及类似 PDF 和 Microsoft Office 文档(MS Word、Excel等)的二进制表单。虽然文档数据库中的数据是在一个结构中组织的,但是文档数据库并没有规定任何特定的格式或模式。每个文档都可以有不同的内部结构,由数据库来解释。因此,与键值数据库不同,文档数据库可以根据文档的内部结构查询和分析存储在文档数据库中的内容。

在某些方面,文档数据库介于关系数据库和键值数据库之间。一方面,文档数据库使用与键值数据库相同的简单的键值语义;另一方面,文档数据库允许对数据加上结构,以便于将来基于这些结构对数据进行查询和操作。虽然文档数据库提供了在文档中构造和操作数据的方法,但与关系数据库有很大的不同。

文档数据库允许用户随时更改要保存的数据的属性,而无需更改现有结构或数据。因此,文档数据库便于快速开发。需要注意的是,灵活性也意味着用户需要负责维护数据的一致性和结构,这对普通用户来说可能非常具有挑战性。

仍以轮胎信息管理为例,映射到文档数据库后一种形式如图 3-5 所示。

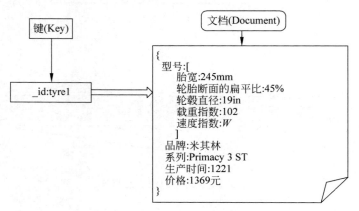

图 3-5 轮胎信息的文档表示

3.2.5 图数据库

Neo4j
详解

图数据库(graph database)或图存储使用节点、边和属性的概念建立连接。图将数据表示为具有属性的节点集合。这些节点之间存在边(即关系)。图 3-6 是轮胎信息的图示。在该例中,包含 10 条边,每条边包含两个顶点及边的描述信息。例如,边("tyre1""适配""红旗 H9")中"tyre1"和"红旗 H9"分别是该边的两个顶点。边从顶点"tyre1"指向顶点"红旗 H9"。"适配"是边的标记或描述。为了区

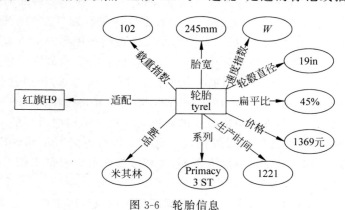

图 3-6 轮胎信息

分，将有向边的源点称为主体（subject），边上的标记称为谓词（predicate）或属性（property）。相应地，边的终点称为客体（object）或属性值（property value）。由于以上每条数据包含 3 个元素，也称为三元组。

图可以表示成边的列表，也可以表示成关联矩阵。根据这几种表示，图的存储方式大体上可以分成 3 类：三元组表、属性表、关联矩阵。目前，大部分在线图数据均采用边的列表的形式，因而在此只介绍前两者。

三元组表是将图表示成 3 列的边表，3 列分别对应源节点（subject）、边（predicate）、目标节点（object）。它是一种直观且原始的存储方式。由于一行对应一个三元组，所以称之为三元组表。当图规模大时，该表长而狭窄，因而又称为窄表。具体存储三元组表时，可将三元组表映射到关系数据库中进行存储。采用该方式存储图数据有方便、简单、直接的优点，但是当存储规模很大的图时面临着诸多问题。其中最大的问题就是表长而狭窄，导致降低表的扫描和特定实体数据的读取性能。由于在多数图中，不同边标记（即谓词）数量很少，因此导致冗余存储了大量的边标记。

为了减少采用三元组表所带来的冗余及性能损耗，属性表方式将图表示成一个表。表格的行是 subject，列是边标记。表格行与列对应单元的值设为 object。此表的列与边标记数量相同。相比于三元组表，该表要宽许多，所以又称为宽表。上例中的图（图 3-6）用属性表存储如表 3-1 所示。虽然采用属性表存储比采用三元组表有优势，但是其缺点也不容忽视。例如，对于边标记较多的图（如 BTC2012 有多达 57000 个边标记），所对应的属性表列数量非常庞大，这导致存储引擎处理这种表时效率较低。此外，当图规模增大时，顶点之间的关联类型趋于稀疏，属性表中会有很多空值。为了降低处理难度和减少空间浪费，通常将这种表进行水平或垂直划分，即将该表分割成多个较小的表。这些小表的并集就等于原始表。例如，将多数属性不为空的记录及对应属性集中存储在一个表中，并将不具有或很少有公共属性的行实体分开存储。

表 3-1 属性表

轮胎 ID	轮胎系列	胎宽/mm	扁平比/%	轮毂直径/in	速度指数	载重指数	品牌	生产时间	价格/元	适配车型
tyre1	Primacy 3 ST	245	45	18	W	102	米其林	1221 年	1369	红旗 H9

图数据库类似于早期的网络数据库，它们都关注于数据项之间的连接，并允许在不同类型的数据之间显式建立映射关系。但是，网络数据库需要通过逐步遍历才能访问数据项，并且所能表示的关系类型有限。

3.3 索引技术

索引是用于快速定位数据的一种数据结构。在该结构里,存储着索引值和与索引值相对应的数据所存储的位置。借助于索引,当检索数据时,数据库不用遍历全部数据,只需通过索引值便可快速定位到目标数据。当数据规模大时,索引可以大大地加快查询的速度。

索引建立在记录的某些属性上面。一般来说,当某属性经常被检索时,在此属性上建立索引,可提高数据检索的性能。对于作为主键的属性,一般数据库系统都默认为之建立索引。对于那些经常出现在连接查询、范围查询以及查询条件中的属性,建立索引后,可加快数据的读取及筛选、连接速度以及查询结果的排序、统计等处理操作。

虽然索引可以大大提高系统的性能,但创建和维护索引需要时间开销和额外的存储空间。此外,当对数据库中的数据进行增加、删除和更新等操作时,索引也同时要适时维护,这增加了开销、降低了数据库的性能。所以,在有些场合不建议创建索引。例如,对于在查询中很少出现的属性,创建索引的开销可能大于所获得的收益;对于取值范围小的属性,通常也不需要为之建立索引。例如,汽车配置的轮胎数量通常是 4 条主胎加 1 条备胎,为之建立索引并不能明显提高检索速度。此外,对于频繁修改的属性以及取值为对象或 BLOB 的属性,也不需要为之创建索引。

关系数据库系统一般提供了唯一索引、主键索引和聚集索引 3 种类型供用户创建索引时选择。其中,唯一索引是指索引中不存在任意两条记录具有相同的索引值。由于主键是唯一的,所以主键索引也是一种唯一索引。而在聚集索引中,记录的存储顺序与键值的逻辑(索引)顺序相同。与非聚集索引相比,聚集索引由于有序,因此数据访问速度更快。除此之外,数据库领域已经发展出了多种索引技术,用得较多的主要是 B+树索引和哈希索引。这些索引技术一般内置在系统中。

3.3.1 B+树索引

B+树索引[5]是数据库中常见的一种索引。B+树是从二叉查找树(binary search tree)、平衡二叉查找树(balanced binary search tree 或 AVLTree)[5]和平衡多路查找树(balanced tree,即 B-Tree)[5]等演化而来的。为了方便理解,下面的叙述按照演化顺序展开。

1. 二叉查找树

在数据库中,经常需要查找数据。一种方法是从表头开始依次扫描表中的记录,直到找到待查找的记录为止。如前所述,数据库通常将记录按照关键字进行排序存储。对这种有序存储方式,另一种快速的数据查找方法就是二分查找(binary search)。

数据表中通常只有少数字段是关键字字段。对于关键字字段,数据库可以保证记录按序存储,但很难做到非关键字字段按序存储。如果不是按序存储,对于非关键字的字段查找就不能采用二分查找。为了方便非关键字字段的搜索,可为数据表中某些非关键字字段建立索引来实现二分查找。这种索引就是二叉查找树。二叉查找树是一个二叉查找树,树的顶点中存储了值。树的顶端节点称为根,没有子节点的节点称为叶节点。树中每一个顶点至多有两个分支。处于某顶点左边的分支称为该顶点的左子树,右边的分支称为右子树。二叉查找树中的每个顶点满足如下条件:

(1) 若其左子树存在,则其左子树中每个顶点的值都不大于该顶点值。

(2) 若其右子树存在,则其右子树中每个顶点的值都不小于该顶点值。

假设表中记录的某字段的取值为 3、7、9、11、15、16、19,图 3-7 是该序列的二叉查找树,遍历该树的过程就是二分查找数据表。

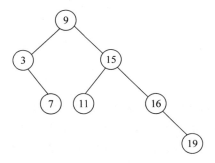

图 3-7　二叉查找树

如果查找字段值为 19 的记录,利用图 3-7 的二叉查找树索引,查找过程如下:

(1) 将根"9"作为当前顶点,由于 19 大于根的值 9,故把当前顶点"9"的右子顶点"15"作为当前顶点。

(2) 继续比较,由于 19 大于当前顶点的值 15,故把当前顶点"15"的右子顶点"16"作为当前顶点。

(3) 把 19 和当前顶点的值 16 比较,由于 19 大于 16,故把当前顶点的"16"右子顶点"19"作为当前顶点。

(4) 把 19 和当前顶点的值 19 比较,满足条件,取出对应该关键字的记录,查找结束。

利用该二叉查找树,只需要 4 次即可找到匹配的数据。对于同一组数,可以对应多棵二叉查找树。一种极端情况如图 3-8 所示,该树的每一层只有一个顶点。这时二叉查找树就形成了一个类似于链状的结构。如果查找值为 19 的记录,需要查找 7 次,也就相当于顺序扫描全表。由此可知,不同的二叉查找树对应的搜索性能不一样。产生这个问题的原因是二叉查找树左右两子树的深度(或高度)不一致。当搜索较深的子树时,就需要较多的时间。为了解决查找性能不稳定的问题,需要二叉查找树左右两子树的深度保持一致,也即保持平衡。这种二叉查找树称为平衡二叉查找树(balanced binary search tree)。由于该树结构是由 Georgy Adelson-Velsky 和 E. M. Landis 发明的,平衡二叉查找树又称为 AVL 树。在满足二叉查找树特性的基础上,平衡二叉查找树要求每个顶点的左右子树的高度差不能超过 1。

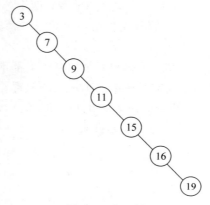

图 3-8 右叉树

相比于一般二叉查找树,平衡二叉查找树的查找性能更稳定,平均查找速度也更快。随着数据的更新、插入及删除,平衡二叉查找树可能会失去平衡。这时,平衡二叉查找树会调整树上的顶点的分布让树重归平衡。具体的调整方式可参考相关文献[5]介绍。

2. B 树

在介绍 B 树之前,先介绍存储介质中数据的存储方式。为了方便存储空间的管理以及数据的存储访问,存储介质,如硬盘、磁带、U 盘等都被分成若干大小相等的物理块,统一编号。块(block)是存储介质中信息存储、传输、分配的基本单位。操作系统从基于块的存储介质中读取数据到内存时是以块为基本单位的,位于同一块中的数据会一次性读取出来,而不是如同内存那样可以存取任意一条数据。不同存储介质的访问速度差异很大,但都远远慢于内存访问速度。鉴于这一点,如果能把尽量多的相关数据存储在块中,那么一次存储介质访问操作就能读取更多的数据,查找数据的时间也会大幅降低。

在了解了存储介质的特征后,考虑二叉查找树在这种存储介质上存储会存在什么样的问题。假设二叉查找树中每一个顶点相关的数据分散在若干存储块中保存,此时在二叉查找树上查找一个顶点就需要读取一个数据块。若系统里存储大量数据,那么该二叉查找树索引规模庞大。由于搜索二叉查找树必须在内存中才能得以处理,受限于内存容量,往往不能容纳该二叉查找树。因此通常只让当前系统运行时所需要的那部分顶点数据留在内存,其他部分都驻留在低速外存上(如硬盘、闪存)。当系统处理完当前顶点数据后,再从外存中调入下一个待处理的数据片段。当二叉查找树规模大时,访问外存的次数就多。由于外存读写性能远远落后于CPU处理速度,这将极大拖慢系统的处理速度。此外,由于二叉查找树上每一个顶点最多有两个分支,那么树的深度为 $\log_2 n$(n 为记录的数量)。当数据规模大时(即 n 大时),树就会很深,树搜索平均性能就低。

存在上述问题的原因主要是由于二叉查找树分支少。为此,可增加树中每个顶点的分支数量,即每个顶点可以存储更多的键值和数据。由于每一顶点的分支数量增多,树的深度相应会减小。这种树就是接下来要介绍的B树。B树具有如下特征:

(1) 每个顶点都存有索引(关键字)、数据和指针,指针指向该节点的子树。

(2) 每个顶点最多有 m 个孩子。除了根节点和叶子节点外,其他每个节点至少有 Ceil($m/2$) 个孩子。若根节点不是叶子节点,则至少有 2 个孩子。树中节点所拥有的最大孩子或分支数量,称为树的阶。

(3) 所有叶子节点均在同一层,即根节点到每个叶子节点的路径长度都相同。

(4) 每个节点最多有 $m-1$ 个关键字。根节点最少可以只有 1 个关键字;非根节点至少有 $m/2$ 个关键字;叶子节点不包含关键字。设顶点共有 w 个关键字 $k_i(i=1,2,\cdots,w)$ 和几个指针 $p_i(i=1,2,\cdots,n)$。$p_i(i=1,2,\cdots,n)$ 为指向第 i 棵子树的指针。$k_i \leqslant k_{i+1}$,即关键字按递增排列。$p_{(i-1)}$ 指向子树的所有顶点关键字均小于 k_i,但大于 k_{i-1}。

图 3-9 为一个 3 阶的 B 树。每一节点占用一个块的存储空间,节点上的关键字按升序排列。3 个指向子树的指针存储的是子树根节点所在存储块的地址。关键字划分的区域分别对应子树所有数据的区域。以根节点为例,关键字为 21 和 46,最左边指针指向的子树的数据全部小于 21,中间指针指向的子树的数据介于 21 和 46 之间,最右边指针指向的子树的数据都大于 35。从该图可以看出,B 树相对于平衡二叉查找树,每个节点存储了更多的键值(key)和数据(data),并且每个节点拥有更多的子节点。基于这个特性,在 B 树查找数据访问存储的次数将会很

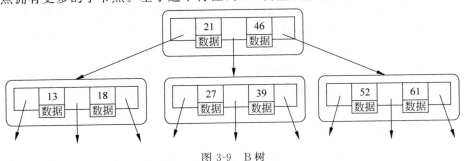

图 3-9 B 树

少,查找效率也会比平衡二叉查找树高。

3. B+树

B树的每个节点中不仅存储数据的键值,还保存对应的数据。存储数据的空间通常大于存储键值的空间。在计算机里,存储块的大小是有限制的(一般为4KB),如果数据占据的存储空间大,存储块里能保存的键值数量就小,会导致B树的深度较大,进而影响查询效率。极端情况下,当节点只能保存一个键值及其对应的数据时,B树就退化成二叉查找树。为解决此问题,人们对B树进一步优化,将数据和键值分离,设计了B+树。在B+树中,非叶子节点只存储键值,不存储数据,而叶子节点存储数据。这样,所有记录数据按照键值大小顺序存放在叶子节点上。由于非叶子节点上只存储键值,存储块可以存储更多的键值,树就会更矮更胖,从而极大地降低了B+树的深度。在B+树上查找数据需要访问存储介质的次数进一步减少,数据查询的效率也会更快。图3-10所示是将图3-9所示例子用B+树表示。

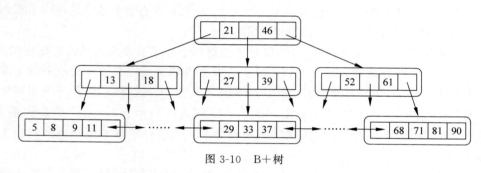

图3-10 B+树

比较B树和B+树的结构,可以发现如下不同:

(1) B+树非叶子节点中是不存储数据的,仅存储键值;而B树节点中不仅存储键值,也会存储数据。

(2) B+树的所有叶子节点通过指针形成一种链式环结构,而B树中的同层节点,如叶子节点之间不存在链接。

(3) 由于B+树存在链式结构,因此可以对B+树进行多种方式的查找——可根据主键,进行范围查找和分块查找;也可从根节点开始,进行遍历查找;由于数据是按照顺序存储,据此可以进行顺序查找或某种形式的二分查找。而B树中的数据分散在各节点中,只能通过树遍历实现查找。

(4) 由于非叶子节点只存储键值,在B+树中,搜索目标数据必须从根节点开始到叶子节点结束;而B树则可以在非叶子节点中找到目标数据。

3.3.2 哈希索引

B+树索引需要从树的根部开始搜索树,搜索的过程中比较节点上存储的键值决定搜索路径。由于B+树搜索的开销与树的深度相关,因此人们设想了另外一种方式,即根据键值计算出数据的存储位置,从而存取数据。这种方法就是哈希索引[5]。

哈希索引

哈希索引由若干函数(称为哈希函数)和散列表数据结构构成。散列表是一种类似于数组的数据结构。哈希函数的参数是键值。当通过哈希索引存取数据时,首先通过哈希函数计算键值得到对应的整数值。该整数值即为数据存储在散列表的位置。然后在散列表对应的位置读写数据。也即,哈希索引通过把键值映射到散列表中某位置来存取对应的数据。相比于B+树索引,哈希索引的主要开销在于计算哈希值记录。若哈希函数不复杂,数据的存储和查找消耗的时间则会大大降低,几乎可以看成是常数时间,可极大地加快数据的存取速度。

由上可知,哈希索引的关键在于哈希函数(或散列函数)。常见的哈希函数有取余、移位等。理想的哈希函数要求计算方便,同时将不同键值映射到散列表的不同位置。这种哈希函数理论上存在,但很难设计。实际中采用的哈希函数都会在某种程度上将不同的键值映射到散列表中的同一个位置。这种情况通常称为冲突。解决冲突的方法有多种,如重哈希。

一种简单的方法是将散列表转化成数组和桶(可用数组、链表或集合等实现)的组合结构。在这种结构里,散列表对应位置存储指向一桶的指针。若多条记录的键值经过哈希之后,都指向散列表的同一位置,那么这些记录将按照某种顺序存储在对应的桶中。如图3-11中,哈希函数是取键值的十位数上的数值,因此散列表的长度为10,位置从左到右依次为0到9。在这种情况下,多个数值会映射到散列表的同一位置,即发生冲突。冲突的数值可存放在桶中。

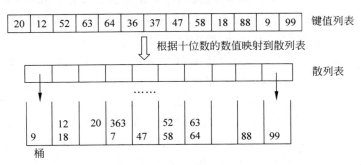

图3-11 哈希索引

总的来说,"直接定址"与"解决冲突"是哈希表的两大特点。哈希索引实际上是通过空间来换时间。在当前机器内存越来越大的情况下,用空间换时间的做法是值得的。

由于哈希索引结构的特性,其检索效率高。一般来说,哈希索引的查询效率要高于B+树索引。但对于冲突较多的散列值,由于冲突的数据都与一个散列值关联,要定位某条记录时可能需要扫描桶内的所有记录,这时哈希索引的性能可能就不如 B+ 树索引。

哈希索引存在的一些不适用场合：

（1）哈希索引只能用于判断相等、不等和属于 3 种操作，不能用于范围判断。由于哈希索引是构建在键值经过哈希函数映射后所得到的值，哈希值与原来值之间不存在大小、范围等对应关系，所以它只能用于判断相等与否以及属于关系，不能用于得到范围内的数值。假设有手机的信息表，字段包含价格字段，在此字段上建立了哈希索引，要查找所有价格为 1500 元的手机信息。这时，可通过哈希索引定位到散列表中 1500 对应的位置，获取数据信息，并确定价格是否是 1500，若为 1500，则输出。但若查找所有价格高于 1500 元的手机信息，用哈希索引就非常不方便。对于这种情况，用 B+ 树索引则可以轻易完成。

（2）当经常对结果进行排序操作时，不适合用哈希索引。哈希索引的散列表单元是顺序编号的，数据按照哈希值对应到散列表的对应位置，因此哈希索引是按照哈希值顺序保存数据。由于哈希值通常不能反映原来数值的大小，因此哈希索引中保存的数据并不是按原来数值的大小顺序保存的。当用户需要对结果进行排序时，若采用哈希索引，就会带来额外的排序开销。

3.4 查询语言

查询语言是用户访问数据库的接口，可以帮助用户检索出所需要的数据。大致上，数据库查询语言可分为两大类：命令式（或过程式）语言和声明式（或描述式）语言。用命令式查询语言编写查询时，需明确告诉计算机需执行的一系列命令（或语句）。计算机执行完这些命令后，就会获得查询结果。与命令式查询语言不同，用声明式查询语言编写查询时，程序员只需用语言描述查询结果需满足什么条件。计算机根据查询描述求解出合适的命令执行序列，执行命令序列后将结果返回给用户。简而言之，对于前者，程序员需告诉计算机怎样（how）去执行查询；而对于后者，程序员只需告诉计算机他想要什么（what），计算机决定如何（how）去找出答案。两种语言各有自己的优缺点。声明式语言减轻了程序员的工作，但灵活性不足；命令式查询语言则允许程序员灵活编码，但对程序员要求较高。

数据库查询语言有很多，如结构化查询语言（structured query language, SQL）[1]和 Gremlin 等。SQL 是一种最为常用的数据库查询语言，广泛应用在关系数据库系统上。SPARQL 语法上同 SQL 类似，是一种主要面向图查询需要而制定的一种类 SQL 的查询语言。SQL 和 SPARQL 查询的执行方式类似，就是将表格样式的中间结果进行求交、连接（join）等一系列运算后，最终输出查询结果。SQL 和 SPARQL 都属于声明式查询语言。同 SPARQL 类似，Gremlin 也是一种图查询语言。但 Gremlin 允许将命令式查询和声明式查询两种方式混合起来编写查询。它也是一种函数式语言，遍历串接在一起形成一种表达式，能够表示复杂的图形遍历和多步操作。因此,Gremlin 的查询执行过程就是图遍历的过程。具体地说,就是从查询给定的起始点出发,按照查询中给出的边和顶点的条件遍历图。

由于 SPARQL 在某种程度上同 SQL 类似,下面将主要介绍 SQL 和 Gremlin。

3.4.1 SQL

为了访问数据库所管理的数据,用户需要一种方便的接口来实现。SQL 即为此类接口。它由 IBM 的 Donald D. Chamberlin 和 Raymond F. Boyce 于 1970 年开发,是用于访问和操作数据库中的数据的标准数据库编程语言。后来由于 SQL 得到广泛应用,ANSI(American National Standards Institute,美国国家标准化组织)为之制定了 SQL 标准。虽然存在标准,但是数据库软件厂商会扩展 SQL 语言,形成多种不同版本的 SQL 语言。为了与 ANSI 标准相兼容,各 SQL 版本必须支持一些主要的命令,比如 SELECT、UPDATE、DELETE、INSERT、WHERE 等。概括地讲,SQL 包括 4 种语言:数据定义语言、数据操纵语言、数据控制语言及事务控制语言。

1. 数据定义语言

数据定义语言(data definition language,DDL)主要用于定义数据库中存储的数据样式。例如,创建、修改或删除表、视图使得数据以指定的格式存储或呈现。创建或更改存储过程、触发器及约束等则是用于维护数据之间的内在联系,确保数据的一致性和完整性。语句包括 CREATE、ALTER、DROP、TRUNCATE、COMMENT、RENAME 等,后接对应的对象(如表、视图、存储过程)。例如,创建表的语句如下:

```
create table table_name
(
  column_name1 data_type(size),
  column_name2 data_type(size),
  column_name3 data_type(size),
  ....
);
```

其中,column_name 参数规定所创建表中列的名称。data_type 参数规定列的数据类型(例如 varchar、integer、decimal、date 等)。size 参数规定表中列的最大长度。具体的 DDL 语句参见文献[1]。

2. 数据操纵语言

数据操纵语言(data manipulation language,DML)是最为常用的语言,提供了数据查询和数据更新两类数据操作,可以检索、更改数据库中所存储的数据。常见的语句关键字包括 SELECT、INSERT、UPDATE、DELETE 等。例如,添加数据可用 insert。insert into 语句可以有两种编写形式。第一种形式需指定要插入数据的列名及对应被插入的值,即 insert into 表名(列名1,列名2,…,列名n) values (值1,值2,…,值n)。第二种形式有所简化,它无需指定要插入数据的列名,只需提供被插入的值即可。但这种形式,默认的是表的全部表列,插入的值与默认表列顺序对应。删除表中数据可用 delete。语句形式如:delete from 表名[where 条件]。修改数据用 update,它的形式类似于 delete 语句:update 表名 set 列名1=值1,列名2=值2,…[where 条件]。

3. 数据控制语言

为了保证数据的安全,数据库需要为用户分配权限。随着用户数量的增大和用户权限区别的增大,管理每个用户的权限难度较大、成本较高。为此数据库引入了角色的概念。角色的概念起源于组织理论。角色可以代表去执行特定任务的能力,也可以反映被赋予的责任。角色通常包括责任规范、义务以及能力,它指定用户或一组用户在组织内能够执行的动作。由于组织的活动通常很少变化,因此角色很稳定。根据不同的工作性质,组织可以创建不同的角色,根据用户的责任和能力,指派用户角色。用户可以有多个角色。多个用户也可以指派为相同的角色。用户可以从一个角色改派到另一个角色。角色随着环境的变化,也可以增删授权操作。基于角色的访问控制(role-based access control,RBAC)根据用户在组织里承担的角色来控制用户访问对象的权限。RBAC 的中心概念是系统授权做的事情同角色相关联,用户被赋予合适的角色,从而获得相应的授权。RBAC 极大地简化了权限管理。

数据控制语言(data control language,DCL)是用来设置或者更改数据库用户或角色权限的语句,这些语句包括 GRANT、DENY、REVOKE 等。

GRANT 语句可以把语句权限或者对象权限授予指定用户和角色。授予对象权限的语法形式为:

```
GRANT{ ALL [ PRIVILEGES ] | permission [ ,…n ] }{[ ( column [ ,…n ] ) ]ON { table | view }| ON { table | view } [ ( column [ ,…n ] ) ]| ON {stored_procedure | extended_procedure }| ON { user_defined_function } }TO security_account [ ,…n ] [ WITH GRANT OPTION ] [ AS { group | role} ]
```

DENY 语句用于拒绝给当前数据库内的用户或者角色授予权限,并防止用户或角色通过其组或角色成员继承权限。

REVOKE 语句是与 GRANT 语句相反的语句,它能够将以前在当前数据库内的用户或者角色上授予或拒绝的权限删除,但是该语句并不影响用户或者角色从其他角色中作为成员继承过来的权限。它的语法形式为:

```
REVOKE { ALL | statement [ ,…n ] } FROM security_account [ ,…n ]
```

4. 事务控制语言

事务由单独单元的一个或多个 SQL 语句组成,在这个单元中,每个 SQL 语句是相互依赖的。而整个单独单元作为一个不可分割的整体，如果单元中某条 SQL 语句一旦执行失败或产生错误，整个单元将会回滚，所有受到影响的数据将返回到事物开始以前的状态；如果单元中的所有 SQL 语句均执行成功，则事务被顺利执行。例如两个人进行转账，一个人转账成功了，但是另一个人却没有收到，即发生了异常，这时就回滚到最初还没转账的情况。

在关系数据库中，通常要求事务具有 ACID 特性。原子性是指事务是一个不可分割的工作单位，事务中的操作要么都执行，要么都不执行。事务必须使数据库从一个一致性状态变换到另外一个一致性状态。例如在工厂里，零件入库后，数据库中记录的零件数量必须与最新零件数量一致。数据库中可能会同时运行多个事务，如仓库同时会有零件出入库，数据库应能确保并发执行的各个事务之间不会互相干扰，即事务彼此之间隔离，一个事务内部的操作及使用的数据对并发的其他事务是隔离的。一个事务一旦被提交，它对数据库中数据的改变就是持久性的。

事务控制语言（transaction control language，TCL）包括如下语句：BEGIN TRANSACTION（开始事务）、COMMIT（提交事务）、ROLLBACK（回滚事务）等。其中，BEGIN TRANSACTION 声明事务的开始，跟随其后的操作都是该事务的一部分。当遇到 COMMIT 且事务执行正确时，事务提交。当遇到 ROLLBACK 时，事务所有已执行的操作全部撤销，数据库恢复到事务开始前的状态。

3.4.2 Gremlin

类似于 Java，Gremlin 遵循"一次编写，到处运行"（write once，run anywhere，WORA）原则。为实现此跨平台原则，Gremlin 实现了 Gremlin 遍历机。Gremlin 遍历机将图查询执行视为在图中沿着顶点和边遍历找到查询结果。Gremlin 遍历由一系列操作步骤组成，每一操作步骤都在图上执行指定的操作，本操作的输出是下一操作的输入。因此，Gremlin 遍历也可视为图数据流过操作序列。如前所述，Gremlin 允许用户用描述或/和命令（逐步）方式编写图查询。用户可明确地、程序化地告诉遍历机"从哪里开始，执行什么操作，输出给谁"，也可以不告诉 Gremlin 遍历机如何遍历图以便得到查询结果。Gremlin 遍历机根据自身的内置策略，决定遍历执行序列。由于 Gremlin 遍历机拥有图的统计信息，如跟某个模式相匹配的点和边的数量，因此一般来说，Gremlin 遍历机根据这些统计信息可生成较优的遍历执行序列。

Gremlin 遍历步骤

在 Gremlin 里，图遍历表示为 Traversal<S,E>，其中，S 表示开始，E 代表结束。遍历包括如下 4 部分。

（1）Step<S,E>：单操作步（Step）。它是一个函数，函数的输入是 S，输出是 E。Gremlin 为用户提供了丰富的操作函数，这些操作函数可分为转换（map 及 flatMap）、过滤（Filter）、计算统计（sideEffect）、分支（branch）和其他（包括数学操作)等几种。用户编写 Gremlin 查询时,一般扩展转换(map 及 flatMap)、过滤(Filter)、计算统计(sideEffect)、分支(branch)这 4 类操作。

(2) TraversalStrategy::一组可改变图遍历方式的拦截器(interceptor)方法。

(3) TraversalSideEffects::存储关于遍历全局信息的键值对集。

(4) Traverser<T>::在当前遍历中生成类型为 T 的对象。

下面简单介绍转换、过滤、分支等函数。

1. 转换

转换操作包括 map()和 flatMap()。map(Traversal<S,E>)类型的操作可以是操作步,它将遍历机中的对象 S 转换(映射)成对象 E。flatMap(Traversal<S,E>)与 map()类似,不同的是 flatMap()将遍历机中的对象 S 转换成类型为 E 的对象集或其迭代器。因此,map()转换是一对一,flatMap()转换是一对多。转换类函数包括统计函数、抽取函数等。例如:

```
// 轮胎 tyre1 适配的车型名字
g.V('tyre1').in('适配').map(values('name'))
// 轮胎 tyre1 适配的车型节点的所有出边
g.V('tyre1').in('适配').flatMap(outE())
```

2. 过滤

Gremlin 的函数中,有一大类是过滤类型。这些操作步对输入的数据进行判断,只有满足过滤条件的数据才可以传递给下一步。这些函数包括逻辑运算、结构检测、属性过滤、条件声明等函数。

1) 逻辑运算

逻辑运算有 is()、and()、or()和 not()。其中,is()可以接受一个对象(该对象能判断相等)或一个判断语句作为输入。当接受的是对象时,原遍历器中的元素必须与对象相等才会保留;当接受的是判断语句(大于、小于等)时,原遍历器中的元素满足判断才会保留。and()可以接受任意数量的遍历器(traversal)作为输入。原遍历器中的元素,只有在每个新遍历器中都能生成至少一个输出的情况下才会保留,相当于多个过滤器相与运算。or()的输入可以是任意数量的遍历器。原遍历器中的元素,只要在全部新遍历器中能生成至少一个输出时就会保留。not()的参数只能是一个遍历器(traversal)。原遍历器中的元素,在新遍历器中能生成输出时会被移除,不能生成输出时则会保留。

2) 结构检测

结构检测函数判断遍历过程中是否出现特定结构。例如,在对图进行分析时,有时关注到达目标顶点的路径形式。如果不希望路径是环路,则可以借助 simplePath()过滤掉环路,只保留非环路路径。而 cyclicPath()相反,它过滤非环路,保留环路。目前,Gremlin 只提供环路检测。

3）属性过滤

属性过滤函数主要是 has 语句系列。它以顶点和边的属性作为条件，决定过滤哪些顶点或边。常用的有下面几种。

（1）has(key, value)：根据键值对来过滤顶点或边。如果遍历对象的属性不能满足给定的键值对，那么该对象将丢弃，否则保留。

（2）has(label, key, value)：如果遍历对象的标记拥有给定的标记，且属性满足给定的键值对，那么该对象将保留，否则丢弃。

（3）has(key, predicate)：predicate 是一个逻辑表达式或返回值为逻辑值的函数。如果遍历对象指定的属性值能让 predicate 为真，则该对象将保留，否则删除。例如 g.V().has('price', lte(1369))，表示返回价格小于等于 1369 的顶点。

（4）hasLabel(labels…)：若遍历对象的标记存在于 label 列表中，则该对象将保留。类似的函数还有 hasId(ids…)、hasKey(keys…)和 hasValue(values…)。

4）条件声明

条件声明主要指利用 where() 函数来对数据进行过滤。其意义与 SQL 中相应的语句一致，一般搭配谓词函数类 P(Predicates)或其子类文本谓词函数 TextP 使用。用户也可以扩展 P 来提供新的谓词函数。

3. 分支

分支步骤是对遍历过程进行控制。与通常的程序设计语言类似，流程控制主要有两种结构：条件分支和循环。

1）条件分支

条件分支主要通过 choose() 实现。例如，实现分支的一种常见形式是 choose (predicate, true-branch, false-branch)。如前所述，predicate 是一逻辑表达式。遍历机根据 predicate 的当前结果决定是执行 true-branch，还是 false-branch。choose 还可以跟 option() 搭配使用，形成类似于 C 语言的 switch-case 结构。例如，在图 3-12 中找出认识(know)那些年龄小于等于 30 岁的人的名字以及 30 岁以上的人所认识的人的名字，Gremlin 查询如下：

```
g.V().hasLabel('person').
      choose(values('age').is(lte(30)),
      __.in(),
      __.out()).values('name')
```

在此查询中，g.V()得到图的全部顶点。hasLabel('person')过滤掉不属于 person 的顶点。输出的顶点有 1、2、4、6。对于年龄大于等于 30 岁的顶点，输出前驱的名字。本例中，即为顶点 1。对于年龄大于 30 岁的顶点，输出后继的名字。本图中，年龄大于 30 岁的顶点有 4、6，它们的后继为 3、5。图 3-13 显示了该查询的执行过程。

2）循环

repeat(Traversal) 是 Gremlin 语言中实现循环的主要方式。遍历机遇到

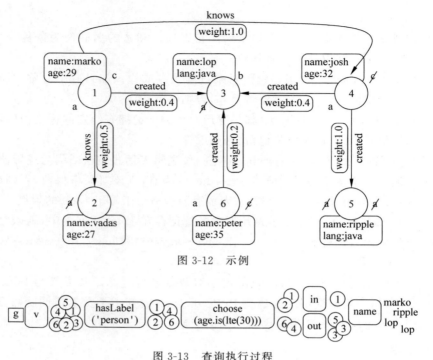

图 3-12 示例

图 3-13 查询执行过程

repeat 语句时,它重复执行在 repeat 语句里指定的 Traversal,直到给定的条件不满足为止。循环的条件可以是重复执行的次数,这时可以用 times(),也可以用 until()来定义循环终止条件。例如,对于查询遍历图直到找到属性 name 的值为 ripple 的顶点为止,输出所经历顶点的属性 name 的属性值,查询语句如下:

```
g.V().until(has('name','ripple')).
    repeat(out()).path().by('name')
```

需要注意的是,repeat() 和 until() 的相对位置不同,循环次数有所不同。当 repeat()在前、until()在后时,先执行 repeat 语句里所定义的操作,然后再检查循环条件是否满足。若 until()在前、repeat()在后(如上例),则先检查循环条件。若条件满足,则执行 repeat 语句里所指定的操作。与通常的程序设计语言类比,前者等同于 do-while 结构,后者等同于 while-do 结构。

3.5 数据库设计及应用技术

上述的数据表达及存储技术、索引技术和查询语言经过数据库软件厂商封装后研制出各类数据库管理系统(database management system,DBMS)。DBMS 是一个通用的软件系统,由一组计算机程序构成,用于科学地组织和存储数据,高效地获取和维护数据。它能对数据库进行有效的管理，包括存储管理、安全性管理、完整性管理等。同时，它也为用户提供了一个软件环境，使其能够方便快速地创建、维护、检索、存取和处理数据库中的信息。数据库是 DBMS 管理的相关数据的集合。数据库、DBMS 与应用程序间的关系如图 3-14 所示。

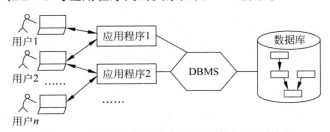

图 3-14　DBMS、数据库与应用程序之间的关系

通俗地讲，DBMS 是一个用于数据管理的中间件系统，位于操作系统和应用程序之间。有了 DBMS 以后，数据结构、数据约束以及数据存储的定义从应用程序中分离出来，由数据库设计人员通过数据库查询语言与 DBMS 交互完成，应用程序只需要连接到 DBMS 即可对数据进行增、删、查、改等操作（可通过 ODBC、JDBC 等中间件连接），从而实现数据与应用程序之间的逻辑独立性和物理独立性。

3.5.1　数据库设计概述

由于 DBMS 是一个通用的中间件系统，因此对于具体的应用，需要由数据库设计人员先进行数据特征的抽象，通过 DDL 语言在 DBMS 里创建数据结构和约束，建立逻辑数据库，然后再进行物理部署和安全授权，这样应用程序和用户才能连接和使用数据库。一般而言，一个面向应用的数据库的建设分为需求分析、概念数据库设计、逻辑数据库设计、物理数据库设计、数据库安全设计和运行维护等几个阶段。

1. 需求分析

数据库设计人员通过与各数据库用户进行座谈、研讨或者跟班等方式了解用户对数据管理的需求，抽取数据对象特征。常用的工具是数据流图和数据字典。

2. 概念数据库设计

数据库设计人员根据需求用概念数据模型进行数据库的设计，一般采用实体-联系模型（entity relationship model，ERM）进行图形化表达，目的是方便与用户沟通。

3. 逻辑数据库设计

将概念数据库通过 DDL 语言在选定的 DBMS 中定义具体的数据存储模式。需求分析和概念数据库设计与具体的 DBMS 和机器无关，而逻辑数据库的设计则必须先根据数据一致性要求、数据体量、数据并发访问需求及性能要求，综合考虑后选择具体的 DBMS。

4. 物理数据库设计

数据库的物理部署，需要根据实际应用需求，设计集中式部署、分布式部署、高性能部署方案。

5. 数据库安全设计

需要针对具体应用需求，设计和维护数据库用户、角色，以及数据库对象的增、删、查、改访问权限，通过数据库控制语言 DCL 实现数据库的自主授权访问设计。

6. 运行维护

由数据库管理员完成，对数据库进行日常备份及远程灾备，对 DBMS 的访问进行监控和分析，根据需要适度创建索引等。

3.5.2 逻辑数据库架构技术

如前所述，在进行逻辑数据库设计前，需要根据数据一致性要求、数据体量、数据并发访问需求及性能要求进行 DBMS 的综合选型，在选型的基础上再利用 DDL 语言进行数据结构和数据完整性约束的设计。

1. DBMS 分类及典型产品

数据表达及存储方式也称为数据模型，它是 DBMS 的核心。根据所采用的数据模型的不同，可以将目前常用的 DBMS 分为关系数据库、键值数据库、列族数据库、文档数据库和图数据库等类别，这些分类对应的典型 DBMS 产品及各自的适用场景如表 3-2 所示。

表 3-2 DBMS 分类、典型产品及适用场景

类 型	典型产品	应用场景
关系数据库	Oracle、DB2、MySQL、SQLite、神通、达梦、金仓	数据强、一致性要求高的应用，是目前主流的数据库
键值数据库	Redis、memcached、RocksDB、LevelDB	内容缓存及一致性要求不高的大体量、高并发数据读写的应用
列族数据库	Bigtable、HBase、Cassandra	一致性要求不高的分布式数据存储
文档数据库	MongoDB、CouchDB	存储面向文档或类似半结构化的数据
图数据库	Neo4j、InfoGrid	社交型系统、推荐系统等，专注构建关系图谱

2. 数据库选型与应用逻辑架构设计

每类数据库产品都有其优势和劣势，并且同一类数据库产品其解决问题的侧重点也不同，对于一个具体应用而言，需要根据实际数据特征、应用环境需求等，综合考虑数据库的选型。一般的选型原则为：

（1）对于一致性要求高的业务数据，如生产计划、生产排程、备料、物流执行、

生产执行、质量检验等，一般采用关系数据库，保证一旦数据更新，后续所有请求都基于新的数据。在关系数据库选型时，又需要结合系统数据体量、并发事务、应用场景等选用具体产品。例如，较大体量和较高并发可采用 Oracle 数据库，嵌入式应用可选用 SQLite 数据库，考虑开源可选用 MySQL 数据库，考虑安全可控选用达梦、金仓等国产数据库。

（2）对于设备和环境状态采集的流式数据，如车间温度及湿度、AGV 小车位置及电量、机床切削用量等，由于每秒采集，数据量大，可采用键值数据库存储，如 Redis，也可用文档型数据库，如 MongoDB 等。

（3）对于知识类的数据，如生产预测、机床寿命预测、质量溯源分析等，一般采用图数据库存储，常用 Neo4j。

在实际设计应用中，根据系统的复杂程度，可能会综合选用几种数据库产品设计混合数据库架构。以西南交通大学数字化设计与制造团队研发的制造执行系统 aDMiS®-MES 为例，其采用了 3 种类型的开源数据库：关系数据库 MySQL 存储生产业务数据、键值数据库 Redis 存储环境及设备运行数据、图数据库 Neo4j 存储知识类数据，具体如图 3-15 所示。

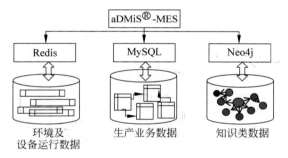

图 3-15　aDMiS®-MES 系统数据库选型及逻辑架构

3.5.3　物理数据库架构技术

在物理部署设计上，需要针对具体应用场景综合考虑数据库的集中部署或分布式部署，同时兼顾数据库的高可用、高性能、一致性、扩展性。

数据库的集中或分布式部署需要结合具体的应用场景，若大部分应用都集中在一个区域，并且网络覆盖条件较好，可考虑集中部署；若应用场景在物理上分布较远，一般推荐分布式部署。分布式部署是指将数据库分布到应用本地或近地，对于需要企业级协同的应用，除各应用场所本地部署外，还需要在总部部署，并建立与各分布数据库的集成机制。

以西南交通大学数字化设计与制造团队研发的制造执行系统 aDMiS®-MES 为例，当实施的企业有多个分布在不同地域的车间时，一般采用分布式部署方案，如图 3-16 所示，根据各车间数据需求将逻辑数据库进行垂直分片后部署到各车间本地,在总部部署整个逻辑数据库,制定数据同步策略,将各地车间数据进行汇总,在支持本地应用的同时支持工厂级的数据集成。

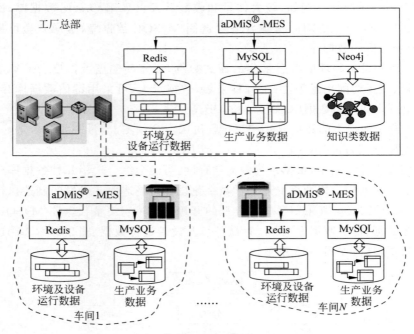

图3-16 aDMiS®-MES系统异地多车间部署方案

参考文献

[1] 王珊,萨师煊. 数据库系统概论[M]. 5版. 北京:高等教育出版社,2014.
[2] CHANG F,DEAN J,GHEMAWAT S,et al. Bigtable:A distributed storage system for structured data[J]. ACM Transactions on Computer Systems:CTO(s),2008,26(2):1-26.
[3] YUAN P,LIU P,WU B,et al. TripleBit:a fast and compact system for large scale RDF data[J]. Proceedings of the VLDB Endowment,2013,6(7):517-528.
[4] 金海,袁平鹏. 语义网数据管理技术及应用[M]. 北京:科学出版社,2010.
[5] 严蔚敏,吴伟民. 数据结构:C语言版[M]. 北京:清华大学出版社,2007.

第4章

高可用数据管理技术

随着企业智能车间和智能工厂建设的逐步完善,其日常各项生产经营活动越来越依赖于数据库系统的联机事务处理(on-line transaction processing,OLTP),且对这些数据访问的连续性要求越来越高,一旦数据服务中断,将造成生产停线及生产数据不可信等各种损失,因此数据库的高可用已成为企业信息化的重中之重。本章针对企业智能制造需求,介绍几种常用的数据库高可用技术。

4.1 智能制造对数据库的高可用需求

高可用(high availability)是系统架构设计的核心内容之一,主要是指通过设计减少系统不能提供服务的时间。数据库的高可用,是指当数据库主机或主服务发生任何故障时,能够立即有其他主机或服务替代,其切换过程自动完成,不影响业务的应用。实现高可用架构设计的核心准则是"冗余",即多实例运行,用资源换可用性。

目前越来越多的制造企业已将保证数据系统 7×24 小时全天候运行作为智能制造数据体系建设的重要指标,数据库能满足高可用性的关键就在于消除单点故障、自动故障恢复、在线扩容,其基本要求是要保证数据的一致性[1]。

(1) 单点故障(single point of failure,SPOF):系统中一点失效,就会让整个系统无法运作,即单点故障即会整体故障。

(2) 自动故障恢复(automatic failback,AF):当数据库主机或主服务发生任何故障时,能够立即有其他副本主机或服务替代。

(3) 在线扩容(online capacity expansion,OCE):能对当前数据库系统性能和访问进行监控,根据访问量对数据库服务进行在线扩容,如新增数据库服务器集群的物理主机或增加虚拟机实例等,并对集群中的数据库服务进行负载均衡管理。

(4) 数据的一致性(data consistency,DC):数据的正确性和相容性。从数据库技术实现的角度可分为强一致性和最终一致性。数据的强一致性可以理解为在任意时刻,所有节点中的数据是一样的;最终一致性是指在某一时刻用户或者进程查询到的数据可能都不同,但是最终成功更新的数据都会被所有用户或者进程查询到。对于企业的制造数据而言,其在生产制造过程中实时产生的业务数据直接决定企业的生产决策,因此对于智能制造系统而言,一致性一般指强一致性,即在为保证企业高可用建立多数据库主机或服务节点的前提下,要保证任意时刻所有节点的数据是一样的。

4.2 基于多副本的数据管理技术基础

如前所述,实现高可用架构设计的核心准则是"冗余",即多实例运行,用资源换可用性。其中,多副本(即保证数据强一致性前提下的多实例)技术是构建高可用数据库架构常用的技术方案。由于 DBMS 是构建在操作系统之上的,因此除 DBMS 自身的多副本技术外,操作系统级的多副本技术也常用于构建数据库的高可用架构。

4.2.1 数据库级的多副本技术

1. 数据库复制技术

数据库复制技术

数据库复制是指从一个数据库(称为出版数据库)将数据复制到另一个或多个数据库(称为订阅数据库)的过程。数据复制的类型一般分为事务复制和快照复制两种。

(1) 事务复制:实时监视跟踪出版数据库中数据更新(INSERT/UPDATE/DELETE 操作),捕获事务并传播到订阅数据库,实现出版数据库和订阅数据库间的数据同步。由于事务是 DBMS 最小的执行单元,因此事务复制比较适合于数据库的实时同步。

(2) 快照复制:在某一时刻对出版数据进行一次"照相",生成一个描述出版数据库中数据瞬时状态的静态文件,在规定时间将其复制到订阅数据库。它实际上是对订阅数据库进行一次阶段性的表刷新,不能像事务复制那样保证数据实时更新。

对智能制造而言,生产业务数据的 OLTP 一般采用事务复制,以满足实时同步需求。目前,大多数 DBMS 能提供数据库复制服务。以企业常用的关系数据库 SQL Server 为例,其为用户提供的数据库发布和订阅向导的部分界面如图 4-1 所示,企业数据库管理员只需按向导进行配置,配置完成后由 SQL Server 自动完成从出版数据库到订阅数据库的数据复制。同样,企业常用的开源关系数据库 MySQL 也提供了将出版数据库的 DDL 和 DML 操作通过二进制日志传到订阅数据库的接口。

2. 数据库镜像技术

数据库镜像技术

数据库镜像是指在不同的设备上同时存储两份数据库,把其中一个设备称为主设备,另外一个称为镜像设备,主设备与镜像设备互为镜像关系。每当主数据库

第 4 章　高可用数据管理技术　53

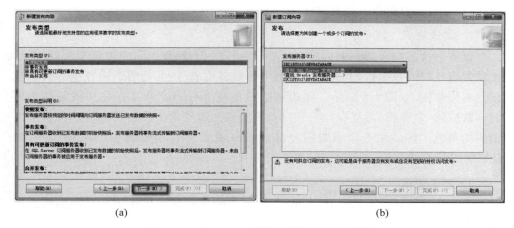

图 4-1　SQL Server 提供的数据库复制服务
(a) 出版数据库数据发布；(b) 订阅数据库数据订阅

更新时，DBMS 自动把更新后的数据复制到另一镜像设备上，从而保证两者数据的一致性。数据库镜像常用于故障恢复，若要实现故障时的自动切换，则需要双机热备软件的支持。目前多数 DBMS 能提供数据库镜像服务功能。图 4-2 为 SQL Server 数据库镜像服务向导。

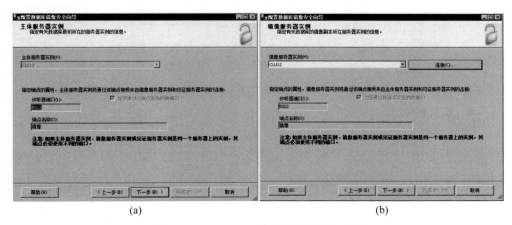

图 4-2　SQL Server 数据库镜像服务向导
(a) 主体服务器配置向导；(b) 镜像服务器配置向导

4.2.2　操作系统级的多副本技术

数据库系统是建立在操作系统之上的，操作系统的多副本技术包括镜像磁盘（mirroring disk）、双工磁盘（duplex disk）、服务器镜像（server mirror）和服务器集群（server cluster），这些技术主要是保障系统在某个硬件出现故障时仍能不中断地运行,即可以屏蔽单点硬件故障[2]。

1. 镜像磁盘

镜像磁盘是指在同一磁盘控制器下,再增设一个完全相同的磁盘驱动器,在每次向主磁盘写入数据后,都需要将数据再写到备份磁盘上,使两个磁盘上具有完全相同的位像图,如图4-3所示。镜像磁盘已经成为许多企业工作站和服务器级别的日常应用,在备份、数据存储管理以及灾难恢复和安全事件的反应中扮演着至关重要的角色。许多服务器和数据存储设备如磁盘阵列柜等均提供磁盘阵列(如RAID-3)等支持。

2. 双工磁盘

双工磁盘是指在进行镜像磁盘时,将两个磁盘驱动器分别接到不同的磁盘控制器上。此种方式即使有一个控制器出现故障,系统仍然可以利用另外一个控制器来读取另一个磁盘驱动器内的数据,因此具备容错功能,如图4-4所示。

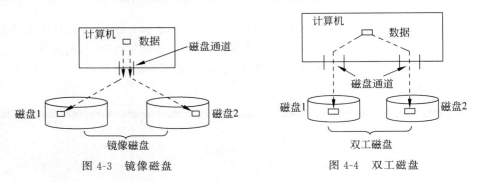

图4-3　镜像磁盘　　　　　　图4-4　双工磁盘

3. 服务器镜像

服务器镜像是指通过镜像软件实现主机和镜像机的数据同步,消除服务器的单点故障,如图4-5所示。其核心是镜像管理软件,典型的包括Rose HA、MSCS(Microsoft Cluster Service)、pluswell、EterneMirrorHA等。在我国企业高可用应用解决方案中典型的应用方式有两种。

图4-5　服务器镜像

双机热备技术

(1) 双机热备:该方式需要主机和备用机,称为"双机"。其中的一台主机处于工作状态。备用机处于监控准备状态。当备用服务器超过限定时间未收到主服务器的心跳信息时，认为主服务器发生故障，并启动切换机制，备用服务器取代主服务器对外提供服务，客户端均与新的主服务器连接，故障的主服务器修复后，自动作为备用服务器运行。主机与备用机间交接工作时所用的切换方式由使用者设定，交接的数据通过共享存储的方式保证其完整性和一致性。但是，由于主机一般不存在经常性宕机的情况，因此备用机长期处于监控准备状态，也就是不工作的状态，就导致了资源的浪费。

（2）双机双工：该方式有两台主机，同时运行着各自的工作，并随时监控对方的工作状态，若其中一台主机出现宕机的情况，另一台主机则直接接管出现宕机情况的主机的工作，并且保证工作的质量。因此，该方式对两台主机的性能要求较高，要有一定的性能冗余，才不会在接管另一台主机的工作时也出现宕机的情况。两台主机接管工作时的数据都存放在共享存储中。

4. 服务器集群

服务器集群是指将很多服务器集中起来一起进行同一种服务，在客户端看来就像是只有一个服务器。集群可以利用多个计算机进行并行计算，从而获得很高的计算速度；也可以用多个计算机做备份，从而使得任何一个机器坏了，整个系统还是能正常运行，如图 4-6 所示。在实际应用中，服务器集群常与虚拟化技术结合，通过虚拟机将服务器等资源池化以实现高可用服务。目前市面上典型的产品包括 Vmware Workstation、Oracle VM VirtualBox（开源）、深信服 aSV 等。集群及虚拟化技术是目前智能制造企业搭建可弹性伸缩的基础设施常采用的架构方案，基于云计算 IaaS(infrastructure as a service，基础设施即服务)架构构建各软件应用系统共享的基础设施平台，早已成为企业信息化建设中改变传统烟囱式基础设施建设造成资源利用率低下的有效途径，许多企业在前期已经有较好的实践经历。

服务器集群技术

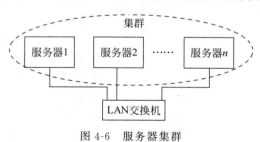

图 4-6 服务器集群

4.3 基于多副本的企业级数据高可用架构

数据库的多副本技术为智能制造应用环境下构建企业级的数据高可用环境奠定了基础。本节将讲述如何在各类实际的智能制造应用中构建企业级的数据高可用架构。

4.3.1 数据库双机热备架构

双机热备是企业常用的一种保证高可用的技术方案,常用于解决 Web 服务和数据库服务的单点故障问题。从基础设施架构上看,数据库的双机热备有两种实现模式:一种是纯软件方式,另一种是基于存储共享方式。

1. 纯软件方式的双机热备

纯软件方式的双机热备由两台服务器构成,如图 4-7 所示。其实现通常以双机热备软件(商品化的双机热备软件如 Rose HA、puswell 等)和数据库多副本技术(基于事务的数据库同步复制或数据库镜像)为核心,主、备服务器均安装数据库管理系统并存储物理数据库,在工作过程中,两台服务器将以一个虚拟的 IP 地址对外提供服务,主、备服务器之间定时传输心跳信息作为对方工作正常的标志。当主服务器出现故障时,备份服务器根据心跳侦测的情况做出判断,并进行切换,接管服务。对于用户而言,这一过程是全自动的,在很短时间内完成,从而对业务不会造成影响。

2. 基于存储共享方式的双机热备

基于存储共享方式的双机热备[3]是双机热备的最标准方案。如图 4-8 所示,此方案一般由两台服务器和一台共享的存储设备(磁盘阵列柜或存储区域网 SAN)构成。在工作过程中,两台服务器将以一个虚拟的 IP 地址对外提供服务,主、备服务器之间定时传输心跳信息作为对方工作正常的标志。当主服务器出现故障时,备份服务器根据心跳侦测的情况做出判断,并进行切换,接管服务。由于使用共享的存储设备,因此两台服务器使用的实际上是一样的数据,这种模式比纯软件模式下基于数据库复制或镜像技术的数据同步更可靠,同时切换的效率也更高。

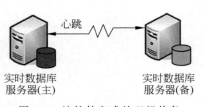

图 4-7 纯软件方式的双机热备

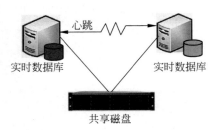

图 4-8 基于存储共享方式的双机热备

4.3.2 面向高并发读的数据读写分离技术架构

由于制造业对业务数据的强一致性要求较高,因此大多采用关系数据库管理系统(relationship database management system, RDBMS), 如 MySQL、Oracle 等管理数据。在关系数据库中用户对数据的基本操作可分为增加(INSERT)、删除(DELETE)、查询(SELECT)、修改(UPDATE)4 种。其中, INSERT、DELETE 和 UPDATE 涉及对数据库中数据的变化, 常被称为"写"操作, 而 SELECT 不会造成数据库中数据的变化, 常被称为"读"操作。RDBMS 为保证数据的一致性, 对数据的读写请求处理不同。因此, 在谈论高并发读之前, 需要先简单介绍一下关系数据库对数据读写的处理机制。

数据库负载均衡、读写分离技术

1. RDBMS 对数据读写的处理机制

1) 事务

事务(transaction)是指某些数据处理业务需要若干步骤, 只有在所有的步骤都成功做完后, 该项业务处理才完成; 否则任一步骤失败, 该业务处理即失败, 这种数据处理就称为事务。事务是 RDBMS 中最小的执行单元、故障恢复单元和并发控制单元。

由于每一步数据操作都对应一条或多条 SQL 语句, 因此事务由有限的操作语句序列构成。根据包含的语句的多少, 事务被分为隐式事务和显式事务两种。

(1) 隐式事务指默认情况下, DBMS 将一条 SQL 语句当作一个事务来处理。

(2) 显式事务指涉及多个步骤、由多条 SQL 语句构成, 需要人为地、显式地将这些操作语句, 用事务"界定"语句组合成一个事务。界定的语句一般包含如下 3 条:

```
BEGIN{TRANSACTION|TRAN|WORK}[事务名]        //标明事务开始
ROLLBACK{TRANSACTION|TRAN|WORK}[事务名]     //用于回退事务
CIMMIT{TRANSACTION|TRAN|WORK}[事务名]       //用于提交事务
```

2) 基于加锁协议的事务并发控制

RDBMS 采用加锁协议来处理并发事务请求。锁可以看作数据对象的一种状态。基本锁协议称为(S,X)锁协议, 包含排他锁(也称 X 锁)和共享锁(也称 S 锁)两种, 其工作原理如下。

(1) 写事务: 当一个事务 T 对数据对象 A 进行"写"操作时, 需要先向 RDBMS 申请对其加 X 锁, 此时若 A 上没有被加锁, 则申请获批, A 被事务 T 加上了 X 锁, 事务 T 可以对其进行"读"或"写"操作, 在此期间, 其他事务不能对其进行任何操作, 直到事务 T 执行结束释放 A 上的锁。

(2) 读事务: 一个事务 T 对数据对象 A 进行"读"操作时, 需要先向 RDBMS 申请对其加 S 锁, 此时若 A 上没有被加锁或已被其他事务加了 S 锁, 则申请获批, 事务 T 可以对其进行"读"操作, 但不能进行"写"操作, 在此期间, 其他事务依然可以向其加 S 锁(要遵守先申请先服务原则)。

由于数据库对象粒度的不同(如数据库、关系表、数据页、数据行等), 所以 RDBMS 一般采用多粒度加锁协议, 除了基本的 S 和 X 锁外, 还引入意向共享锁

（也称 IS 锁）和意向排他锁（也称 IX 锁）。即在对数据对象申请加 S 锁前，需要先申请对其父节点加 IS 锁，父辈的 IS 锁申请获批后才能对自身加 S 锁，事务操作完成后要先释放自身的 S 锁，再释放父辈的 IS 锁；X 锁同理。多粒度加锁协议的锁相容矩阵如表 4-1 所示。

表 4-1　多粒度加锁协议下的锁相容矩阵

申请加锁类型	当前状态				
	NL	S	IS	X	IX
IS	√	√	√	×	×
S	√	√	√	×	×
IX	√	×	×	×	×
X	√	×	×	×	×

注：NL 表示当前数据对象未加锁；√表示申请获批；×表示拒绝申请。

由上述分析可见，在 RDBMS 中，对同一数据对象允许并发"读-读"，但不允许并发"写-读""写-写"和"读-写"。同时，大多数 RDBMS 处理"写"操作比处理"读"操作要耗时很多。

2．数据高并发读的解决方案

1）智能制造中的数据高并发读需求

在数据库的应用过程中，往往读多写少。比如，对于 MES 系统而言，生产服务设备、物流设备等数据一般在初始化时录入或导入，后面只有设备故障/维护/报废等情况下才会对其进行"写"操作，而在生产排程、物流调度、生产执行过程监控等业务过程中均需读取这些数据的状态信息，造成同一时间段内对同一数据对象进行"读"操作的请求事务远远大于"写"操作的请求事务。特别是随着云边协同智能管控、基于 Internet 的供应链协同、面向客户个性化配置的销售协同等应用的普及，高并发"读"操作在传统的数据库应用模式下很容易成为瓶颈。

2）数据高并发读的解决方案

解决数据库高并发"读"请求，目前常采用两种解决方案。

（1）数据缓存：这是高并发读时优先被考虑的解决方案。数据的"读"操作访问缓存，缓存中找不到再访问数据库，将从数据库取得的数据放入缓存。由于缓存中数据的读取速度远远大于外设中数据的读取速度，因此可有效解决高并发读的问题。比如，可以通过搭建 RDBMS 和 NoSQL 型 Redis（一款常用的内存数据库，支持接近每秒数十万次的吞吐量）混合架构来实现。此方案的难点是 RDBMS 和缓存中的数据一致性问题，常用来缓存数据更新频率不高，但存在大量"读"请求的数据。

（2）读写分离：在大规模并发访问下，如果数据缓存也无法解决，或是被并发访问的数据也经常更新，则需要采用读写分离解决方案。该方案通过一台主数据库服务器和多台从数据库服务器来构建数据库应用服务环境,其中所有的"写"事务被分配到主服务器处理,"读"事务根据各从服务器的负载进行动态分配。主/从数据库中数据的一致性通过数据库复制技术解决。

由于数据缓存的雪崩有可能导致数据服务的中断,不能像读写分离那样通过多副本保证高可用性,因此本章重点介绍读写分离的实现技术。

3. 基于数据库复制及数据访问代理的应用系统读写分离实现

1) 基于数据库复制构建一主多从数据库应用服务环境

读写分离的原理是让主数据库处理事务"写"操作(INSERT/UPDATE/DELETE),而从数据库处理"读"操作[4]。主/从数据库数据的一致性通过数据库复制技术实现,如图 4-9 所示,应用程序的"写"事务请求被连接到主数据库,主数据库作为出版数据库发布数据的变更,从数据库作为订阅数据库[5]。在此方案下,通过多台从数据库分担"读"请求,并且可选其中一台从数据库和主数据库进行双机热备,实现故障时的主从切换,"读"事务应根据各从数据库负载情况被动态路由。

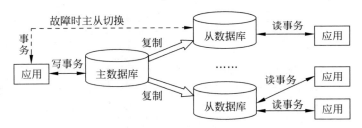

图 4-9　读写分离下的数据库主从复制

当从数据库的数量较多时,如果各从数据库都从主数据库拉取变更的数据,将影响主数据库的性能。在此情况下,可采用改进级联复制方式。如图 4-10 所示,该方案从多台从数据库中选出一台作为 Master,由 Master 数据库从主数据库订阅数据,其他从数据库从该 Master 订阅数据,Master 和主数据库之间可通过双机热备软件来实现状态监控和故障切换,Master 和其他从数据库之间可通过如协同工作系统(如开源的 ZooKeeper)进行管理。

分布式应用程序协调服务 ZooKeeper

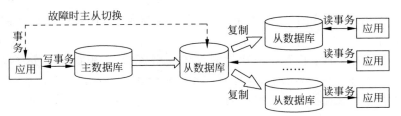

图 4-10　读写分离下的数据库的级联复制

2) 数据的读写分离策略

由于事务是 RDBMS 中最小的执行单元,因此读写分离的判断依据是事务的读写特性,一般处理策略为:

(1) 当一个事务中所有的操作都是"读"(各 SQL 语句的关键字都是 SELECT)时,根据读数据库负载情况分配从数据库,由该从数据库提供读数据服务。

(2) 当其中操作是"写"或"写+读"时,即包含"写"(各 SQL 语句的关键字包含 INSERT/UPDATE/DELETE)时,将其请求转到写数据库进行处理。

3) 读写分离的数据库代理中间件设计

为实现应用程序和数据库之间的松耦合,数据的读写分离一般通过在应用程序和 RDBMS 之间设计和部署数据库代理中间件来完成,数据库代理的功能及读写分离机制如图 4-11 所示。

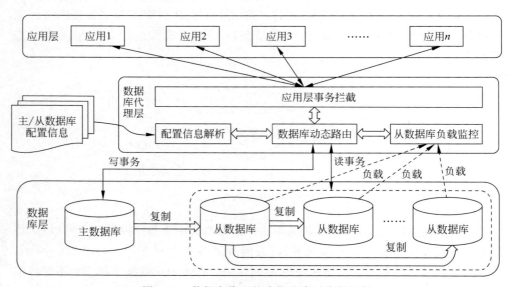

图 4-11 数据库代理的功能及读写分离机制

主/从数据库配置信息:存放主数据库和多个从数据库连接配置的信息,可通过 XML 文件存储。

配置信息解析:读取并解析主/从数据库配置信息,供数据库动态路由模块调用。

应用层事务拦截:拦截各应用对数据库的事务请求,根据读写分离策略对事务的读写特性进行判断,调用数据库动态路由模块进行处理。

从数据库负载监控:负责监控各从数据库的负载情况,供数据库动态路由模块调用。

数据库动态路由:根据事务的读写特征进行数据库的动态连接,将事务处理结果返回请求的应用。

4.3.3 数据生命周期监控与写数据库优化技术架构

数据缓存和读写分离架构为数据的高并发"读"请求响应提供了可行的解决方案。但数据的"写"请求都需要通过访问主数据库,虽然在大多数应用情况下,并发"写"请求数会远远少于并发"读"请求数,但随着应用的不断深入,写数据库的请求响应依然有可能成为系统的瓶颈,需要在保证数据一致性的前提下对其进行优化。

1. 业务数据的生命周期

在智能制造的数据体系中,按照可能被更新(增、删、改)的时间特征,数据可被分为两类。

(1)基础数据:这些数据一直被业务或其他数据引用,因业务需求随时都有可能被更新,如车间设备分类信息、设备信息、产品基本信息、零部件信息和供应商信息等。

(2)业务过程数据:这些数据伴随着业务的执行而产生和发生变更,在业务过程执行完成后就不会再变化,如产品订单、生产计划、备料任务、工位作业、物流任务和产品售后维修单等均属于这类数据,其具有明显的生命周期特性,常用"状态"属性来标记其在生命周期中的阶段。

【例4-1】 汽车售后三包维修(三包期内的维修)中的基础数据和业务过程数据。

汽车三包维修业务流程为:①车主向4S店申请维修;②4S店开展车辆维修服务,并将三包维修和换件信息上报整车厂;③整车厂审核维修单;④4S店查询已审核但旧件未返厂的旧件台账;⑤4S店选择旧件,打印返厂单;⑥整车厂对审核过且旧件已返厂的三包单进行结算。其数据流如图4-12所示。

在此过程中,客户信息、车辆信息、零部件基础信息、4S店信息、供应商信息为基础数据,三包维修单、换件信息、4S店结算信息、供应商结算信息、旧件发运单为业务过程数据。其中,三包单由客户维修申请阶段创建,在4S店维修服务、整车厂审核、4S店旧件返厂、整车厂进行三包费结算过程中均会发生信息更新。在三包结算完成后该数据不会再被更新,其生命周期结束。在此过程中三包单的状态变化为:待处理→待审核→已审核→待结算→已结算。而换件信息在维修服务阶段创建,在对应的三包单审核通过后就不能再修改。结算信息在三包结算阶段产生,一般不会发生更新。

2. 业务数据分片与写数据库轻量化方案

在智能制造过程中会产生大量的业务过程数据,这些数据的更新具有明显的生命周期特征。一旦生命周期结束,这些数据再被更新的概率非常低,被查询的几率也大大降低。因此当写数据库在高并发下成为整个数据库系统的瓶颈时,可通过对业务过程数据分片剥离的方式实现写数据库的"轻量化"。

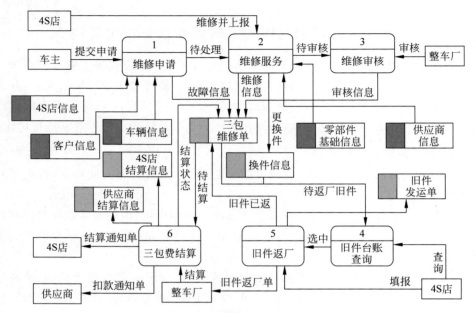

图 4-12 汽车三包维修服务的数据流图

1) 业务过程数据分片方法

根据业务过程数据生命周期的特点,可利用分布式数据库中水平分片和导出分片的方法将生命周期结束的数据从在线数据库中剥离出来,移到近线数据库中。其中,水平分片是按一定的条件把全局关系的所有元组划分成若干不相交的子集,每个子集为关系的一个片段,这种划分相当于对关系表数据做横向剪切;导出分片又称为导出水平分片,即水平分片的条件不是要分片数据所属关系表属性的条件,而是其他关系表属性的条件。

2) 业务过程数据分片中的参照完整性约束

智能制造的数据体系中,依据数据依赖理论设计的业务过程数据的关系表间常常具有很强的参照完整性约束,举例分析如下。

【例 4-2】 汽车售后三包维修关系数据模式中业务过程数据的参照完整性。

图 4-13 为依据数据依赖理论设计的汽车售后三包维修关系数据模式,其中 4S 店表、供应商信息表、车辆表、客户信息表、零部件基础信息表为基础数据表;4S 店三包结算单表和供应商三包结算单表、三包维修单表、维修换件信息表、旧件发运单表为业务过程数据表,数据之间的参照完整性约束如图中箭头所示。

3) 业务过程数据分片中参照完整性的实现方法

为保证在线数据库和近线数据库数据的参照完整性,数据分片迁移实现方法如下。

(1) 相关基础数据复制:近线数据库需要通过数据库复制从在线数据库中订阅业务数据表引用的基础数据主表。

第 4 章 高可用数据管理技术

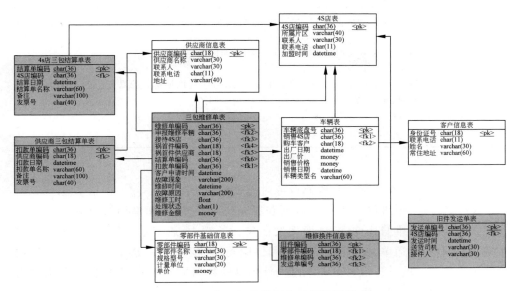

图 4-13 汽车三包维修服务逻辑数据模式

（2）业务过程主子表数据分片的原子性：将具有外键约束的主子表数据在同一个显式事务中进行分片，即按主表生命周期数据状态对主表进行水平分片、对子表进行诱导分片。

基础数据复制方法较简单，可通过数据库发布订阅实现，这里重点讨论业务过程数据主子表数据分片原子性的实现。

一种基于显式事务的实现方法如算法 4-1 所示，分为 4 步：第 1 步，将主表的业务数据分片复制到近线数据库；第 2 步，将子表业务数据按主表的条件导出复制到近线数据库；第 3 步，将已复制的数据从在线数据库的子表中删除；第 4 步，删除在线数据库中已复制的主表中的数据。

算法 4-1 主子表数据分片事务的一种实现方法

```
BEGIN TRAN DataFiling                    //定义数据分片剥离事务
  // 1: 主表业务数据水平分片
  INSERT [<近线数据库>].DBO.<业务数据主表> SELECT * FROM [<在线数据库>].DBO.
<业务数据主表> WHERE 生命周期标识字段<比较表达式>
    IF @@transtate = 2 ROLLBACK TRAN      //错误回退
  // 2: 子表业务数据按主表的条件导出分片
    INSERT [<近线数据库>].DBO.<业务数据子表> SELECT * FROM [<在线数据库>].DBO.
<业务数据子表> NATURAL JOIN [<在线数据库>].DBO.<业务数据主表> WHERE 生命周期标识
字段<比较表达式>
    IF @@transtate = 2 ROLLBACK TRAN      //错误回退
  // 3: 删除已导出的子表业务数据
    DELETE [<在线数据库>].DBO.<业务数据子表> FROM [<在线数据库>].DBO.<业务数据子
```

```
表> NATURAL JOIN[<在线数据库>].DBO.<业务数据主表> WHERE 生命周期标识字段<比较表
达式>
IF @@transtate = 2 ROLLBACK TRAN        //错误回退
 // 4: 删除已复制的主表业务数据
DELETE [<在线数据库>].DBO.<业务数据主表> WHERE 生命周期标识字段<比较表达式>
IF @@transtate = 2 ROLLBACK TRAN        //错误回退
ELSE COMMIT TRAN
END TRAN
```

注：<>中的内容表示需要根据业务实际配置的变量。

【例4-3】 汽车售后三包维修业务过程数据的分片。

汽车售后三包维修业务过程数据包括：4S店三包结算单和供应商三包结算单、三包维修单、维修换件信息、旧件发运单。虽然4S店三包结算单、供应商三包结算单和旧件发运单，一般每个4S店和供应商每月才产生一次结算和旧件返厂数据，其量不大。但三包维修单和维修换件信息的数据量非常大，而这些业务数据之间存在外键约束，因此需要一起分片。

按算法4-1，第1步，对4S店三包结算单、供应商三包结算单和旧件发运单中生命周期结束的业务数据从在线数据库复制到近线数据库（顺序无关）；第2步，将三包维修单和维修换件信息数据从在线数据库复制到近线数据库（先三包维修单，后维修换件信息）；第3步，将已复制的维修换件信息和三包维修单数据从在线数据中删除（先删除维修换件信息，再删除三包维修单数据）；第4步，删除在线数据库中4S店三包结算单、供应商三包结算单和旧件发运单中已复制的数据（顺序无关）。

3. 基于愚公系统和数据库代理的应用系统写数据库轻量化实现

在基于数据库代理的应用系统读写分离的基础上，若要对实现写事务的主数据库进行轻量化，可应用前面的业务过程数据分片的方法，设计数据分片愚公系统，并对数据库代理中间件进行改进，以满足少数生命周期结束的业务过程数据查询的需求。改进后的应用系统写数据库轻量化实现方案如图4-14所示。

1) 基于数据分片策略的愚公系统设计

愚公系统的设计目标是根据应用需求，实现业务过程数据的自动分片。为支持分片需求的动态扩展性，实现业务需求与愚公系统中间件的松耦合，采用XML来存储数据分片的配置信息，愚公系统通过分片策略信息解析模块来解析分片策略，定时分片任务执行模块通过定时线程启动，调用分片策略信息解析模块获取分片规则，提取规则中的赋值算法4-1将数据从在线数据库迁移到近线数据库。

基于XML的分片策略配置文件架构如图4-15所示。

在实际应用系统的业务数据分片中，往往并不单纯以业务过程数据生命周期状态为分片条件，如4S店三包结算单、供应商三包结算单，在本月内被查询的需求

第 4 章 高可用数据管理技术 65

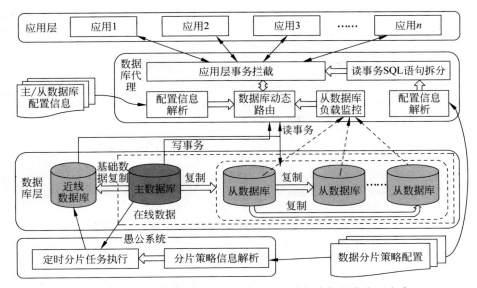

图 4-14 基于愚公系统和数据库代理的写数据库轻量化实现方案

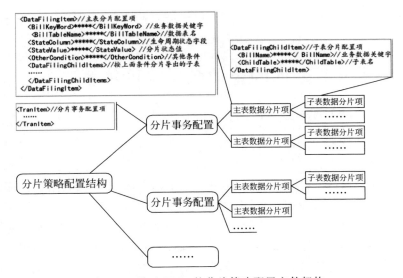

图 4-15 基于 XML 的分片策略配置文件架构

较多,因此在配置时除了业务过程数据的生命周期字段及状态值外,还允许用户附加如结算时间等字段值。愚公系统通过解析<TranItem>,每个<TranItem>通过算法 4-1 进行分片。

2) 面向数据分片的读事务 SQL 语句拆分

对于生命周期结束的业务过程数据来说,虽然其"读"请求率也会大大降低,但有时还是会被查询,此时就要求数据库代理能针对查询条件与分片策略中的条件进行比对。若查询条件中包含了已分片的数据，则应将 SQL 分解为两条：一条 SQL 语句查询在线读数据库集群中的数据，另一条 SQL 语句查询近线数据库中的数据，然后将两者查询的数据集进行 UNION 运算后返回给应用。SQL 语句比对算法思路如算法 4-2 所示。

算法 4-2　一种面向数据分片的读事务 SQL 语句拆分方法

```
DECLARE @BillName[] char(30),@Data1 Datatable,@Data2 DataTable    //定义变量
//1. 截获查询请求@RequestSQL,调用 GetTableNames 方法获得数据表名
@BillName[] = GetTableNames(@RequestSQL)
//2. 判断数据表名是否在主表分片配置项中
IF (INDataFilingItem(@BillName[]))
BEGIN //3.将查询分解为查询在线数据库和近线数据库两项任务
  @Data1 = GetDataFromOnlineDatabase()        //在线数据库中查询数据
  @Data2 = GetDataFromFilingDatabase()        //近线数据库中查询数据
  @Data1 = @Data1 ∪ @Data2                    //数据进行并运算
 END
ELSE                                          //仅在在线数据库中查询
 @Data1 = GetDataFromOnlineDatabase()
 RETRUN @Data1
```

4.4　基于云数据库的企业数据管理体系

4.4.1　云数据库技术

大数据技术之云数据库

随着云计算技术的落地，软件即服务（software as a service，SaaS）模式以免企业硬件基础设施投入、免软件安装和免升级维护费用等优势正在改变着企业（尤其是中小微企业）对软件的应用模式。其中，云数据库即 SaaS 在数据库方面的一个典型应用模式——数据库即服务（database as a service，DBaaS）。因此，云数据库与传统的以数据模型命名的关系数据库、层次数据库、网状数据库、面向对象数据库等不同，它并非数据模型方面的技术变革，而是数据库技术与软件即服务的多租户架构和应用虚拟化技术的结合，是指部署和虚拟化在云计算环境中的数据库，其底层基于虚拟化的动态弹性基础设施为其提供了高可用保障。

最早的云数据库产品是亚马逊（Amazon）公司 2009 年部署在公有云上的 Amazon RDS，随后越来越多的数据库厂商加入到云数据库提供商队伍。目前，市场上典型的云数据库服务平台包括：Google 的 Bigtable、Amazon 的 Aurora、Facebook 的 Cassandra、Yahoo 的 Sherpa/PNUTS、Oracle 的 Oracle Database 12c、Microsoft 的 Azure、阿里的 POLARDB、腾讯的 CynosDB、华为的 Taurus 等。

4.4.2 企业数据管理中的云数据库模式

1. 云数据库服务平台

与其他 SaaS 模式一样,云数据库是一种即开即用的服务。用户通过 Web 浏览器访问云数据库服务平台。以阿里云数据库为例,用户进入阿里云官网,选择需要购买的服务,按向导设置租赁存储容量和带宽进行服务购买。云数据库服务平台根据用户租赁需求为其准备好虚拟化资源,并为用户提供高可用的虚拟化应用环境。以阿里的 UMP(unified mySQL platform)为例,其通过多管家、负载均衡和多 MySQL 实例来消除单点故障。这些虚拟资源在用户退出时自动回收,下次应用时再为用户动态分配。这种按需租赁和分配虚拟资源的模式既可满足大企业海量数据存储需求,又可满足中小企业低成本数据存储需求。

企业在购买云数据库服务后,可进行数据库实例的自主管理。以阿里云数据平台为例,企业可通过设置白名单和高安全性模式来防止连接闪断和提升 SQL 拦截的能力,还可根据需要设置生成外网地址,使用数据传输服务将本地数据库迁移到云端。

2. 云数据库的应用现状及趋势

由于云数据库将数据托管在第三方平台,生产制造数据的安全性是企业在选择云数据库和自建数据库方面考察的主要因素,目前应用现状如下:

(1) 多数大中型企业鉴于对自身制造数据安全性的考虑,采用自建数据库。

(2) 部分大中型企业采用混合库架构,将核心业务如 PDM、MRP、MES 数据库部署在企业内部,将 SCM、CRM 等上下游企业协同系统数据库部署在云端。

(3) 对于 IT 预算比较有限的小型企业,接受云数据库这种前期零投入、后期免维护的数据库服务的趋势在不断增加。

随着云端数据安全技术和管理体系的不断完善,云数据库模式将会得到越来越多企业的认可。根据 2019 年 Gartner 发布的 *The Future of the Database Management System (DBMS) Market Is Cloud* 报告预测,云数据库平台的市场份额将会在下一个 5 年中翻倍。

参考文献

[1] 陶宏才. 数据库原理及设计[M]. 3 版. 北京: 清华大学出版社, 2014.
[2] 方兴. 基于共享存储的数据库高可用设计技术[J]. 计算机与数字工程, 2013, 41(7): 1134-1136.
[3] 管文琦. 金融行业 MySQL 数据库高可用方案的思考[J]. 中国金融电脑, 2017(6): 85-87.
[4] 陈真玄, 范宇楠, 张怡, 等. 业务网核心数据库及运行环境高可用改造实践[J]. 水利信息化, 2020, 12(6): 32-36.
[5] 曾家杰. 读写分离数据架构在电力大集中系统中的设计与应用[J]. 信息与电脑, 2015(24): 82-84.

第 5 章

可信数据管理

5.1 智能制造与可信数据管理

智能制造是将制造技术与物联网、大数据、云计算、人工智能等技术的集成应用于研发设计、生产制造、管理服务等制造活动的各个周期,在制造过程中进行信息深度自感知、智慧优化自决策、精准控制自执行,实现产品需求的动态响应、新产品的迅速开发,以及对生产实时优化的制造过程、系统和模式的总称。智能制造作为一种先进的智能化制造技术,具有以关键制造环节智能化为核心、以智能工厂为载体、以端到端数据流为基础、以全面深度互联为支撑等特征,其目标是缩短研发周期、减少资源损耗、降低运营成本、实现节能减排、提高生产效率和产品质量[1]。

5.1.1 智能制造的战略意义

国务院关于印发《中国制造2025》的通知

制造业作为我国的第二大产业,是国民经济的主要支柱,其发展和转型对国民经济的增长具有十分重要的意义。实现制造大国向制造强国的转变已经成为我国在新时期经济发展面临的重大课题。我国已编制完成《智能制造装备产业"十二五"发展规划》,并在 2011 年设立了"智能制造装备创新发展专项"。2012 年,我国出台了《智能制造科技发展"十二五"专项规划》。2015 年,李克强总理在政府工作报告中提出了"中国制造 2025"计划,旨在加快制造行业进入智能制造模式。发展智能制造是实现制造业升级转型的必然选择,打造制造业新优势的客观需要,也是率先达到经济和科学技术制高点的战略目标,应该提升到国家战略的高度[2]。

智能制造技术作为实现制造强国的重要战略,已成为全球制造业发展的客观趋势,世界上主要工业发达国家正在大力推广和应用。当今世界制造业智能化发展有以下 5 大趋势。

1. "数字化"制造技术

3D 打印被称为"具有工业革命意义的数字化制造技术"。3D 打印以数字模型方案为蓝本,以特制粉末或液体金属等黏合材料为原料,采用分层加工或叠加的方式,使用"3D 打印机"逐层添加材料生成所需的三维产品,可以缩短研发周期、提高生产效率和降低生产成本。

2. 建模与仿真技术

建模与仿真技术作为一种融合了计算机、模型理论以及科学计算等多个学科的综合性技术,是制造业中不可或缺的工具和手段,被广泛应用于产品设计、生产、测试、维护、管理和销售等产品的各个生命周期中。建模与仿真技术使设计与制造之间无缝衔接,通过减少测试和建模支出降低风险,提高生产效率。

3. 智能制造装备

随着先进制造技术的高速发展,以智能控制系统、工业机器人以及自动化成套生产线等为代表的智能制造装备的应用日趋广泛。其中,工业机器人将成为我国智能装备制造发展的主力。作为具有智能的工业机器人,其在很多方面都超越了传统机器人。汽车、电子设备、工程机械、奶制品和饮料等行业已经大量使用基于工业机器人的自动化生产线。工业机器人可以方便迅速地改变作业内容或方式,以满足在工业生产中生产要求的变化。

4. 智能供应链

供应链是以客户需求为导向,以提高质量和效率为目标,以整合资源为手段,实现产品设计、采购、生产、销售及服务全过程高效协同的组织形态。在智能制造环境下,打造一个智能高效的供应链是制造企业在市场竞争中获得优势的关键。智能供应链缩短了产品的研发周期,保证采购—到货的有效性,并且确保了供应链全过程数据的准确性、完整性和实时性。

5. 智能制造与物联网

物联网技术与智能制造的相互融合碰撞加速了传统工业生产制造的发展,使其提升到一个新的高度。在智能制造背景下,工业物联网技术已经得到了社会各界的广泛关注。工业物联网是工业系统与互联网、高级计算、分析以及传感技术的高度融合,也是工业生产加工与物联网技术的高度融合。它在工业生产各个环节中使用具有感知和监控能力的各类采集、控制传感器,并联合移动通信、智能分析等技术将制造业生产、监控、企业管理、供应链以及客户反馈等信息系统融为一体,通过数据中心对不同渠道的数据进行智能处理,从而大幅提高生产效率、产品质量和用户满意度,降低生产成本和减少资源消耗[3]。

5.1.2 传统制造向智能制造发展的影响因素

随着智能化技术的推广应用,如何实现传统制造向智能制造的转型成为当前国内制造企业发展面临的主要问题。智能制造强调数字化、网络化和智能化,发展智能制造的重点任务是实现企业内部信息系统的纵向集成以及企业间基于价值链和信息流的横向集成。就中国智能制造的发展现状而言,存在很多影响传统制造向智能制造发展的因素。

1. 数字化转型

传统制造向智能制造发展的过程需要动态感知、处理和分析的能力。因此企业需要根据自身的实际情况,通过有效运用数字化技术和设备对自身技术进行升级改造,将数字化作为传统制造向智能制造转型的根本动力。优化制造业内部设备和工作流程是企业数字化转型的核心。根据企业产品全生命周期并结合企业自身的需求,企业可以通过建立共享数据库、强化数据的分析和管理来获取有效的信息。通过利用数据信息,企业可以模拟仿真生产过程,优化生产流程,实现对生产过程的数字化管理[6]。

2. 集成互联

集成主要是在零件、生产设备、原材料上应用射频识别、二维码等先进技术,实现从设备到生产线、车间、工厂、整个产业链之间纵向数据资源的高度集成。互联是指基于无线通信技术和有线通信技术,将产品整个生命周期的各个环节高效结合,实现设备与设备之间、控制系统与设备之间、工厂与工厂之间互通互联。集成互联有助于资源数据集成,实现高效便捷的集中管理。

3. 安全风险

智能制造面临的安全风险不同于传统制造面临的安全风险。智能制造需要产品的数据在众多工程应用程序和信息系统之间共享和交换。在整个生命周期中,产品会针对不同的流程(如设计、制造、分销等)和需求(如技术、商业、法规等)生成大量数据。在互联网时代,信息安全至关重要,系统随时可能遭受黑客攻击、病毒入侵等网络攻击。对于智能制造的互联而言,数据损坏或篡改可能会对产品开发造成灾难性后果[4]。

5.1.3 智能制造为什么需要可信数据管理

智能制造强调端到端的接通和横向与纵向协同,需要实现企业内部信息系统的纵向集成和企业间基于价值链和信息流的横向集成,从而实现数字化和网格化。这凸显了数据管理在智能制造中的重要性。就智能制造在数据管理方面存在的问题,亟需引入可靠数据管理来解决。

1. 智能制造系统在数据保护和故障容错方面的安全风险

智能制造具有不同的场景,异构网络协议存在差异性,设备具有多样性,因此智能制造系统的安全风险更加复杂。一方面,互联网时代的信息安全至关重要,对于智能制造的互联而言,产品开发中的数据篡改或损坏都可能带来灾难性后果。另一方面,某个子系统或单元等局部出现功能失效或故障后,由于系统的耦合作用,可能会引起其他子系统的故障,导致整个系统发生故障,造成巨大的关联浪费。

2. 智能制造产业生态圈不成熟,工业互联和信息共享管理方面亟待发展

首先,智能制造产业生态圈的构建还不够完善,制造业商业模式创新也还有很长一段路需要走。其次,智能制造基于数据实现端对端、信息充分共享、管理平台化,存在制造企业在资源利用方面两极分化、工业互联和信息共享方面发展迟缓等问题,要推动制造业向数字化、柔性化、定制化和智能化的发展还需要继续探索新模式[5]。

5.2 可信数据管理技术

区块链技术的概念由化名为 Satoshi Nakamoto 的学者于 2008 年发表的一篇名为 Bitcoin: A Peer-to-Peer Electronic Cash System 的论文所提出。比特币是第一个得到广泛使用的数字加密货币,以比特币为代表的数字加密货币引起了社会各界的广泛关注。区块链技术作为比特币底层的基础架构与分布式计算范式也被认为是继大型机、个人计算机、互联网、移动通信和社交媒体之后的第五次颠覆式创新,并被 Gartner 列为未来十大技术发展趋势之一。

区块链系统的发展、挑战和趋势展望

5.2.1 实现可信数据管理——区块链

传统数据库主要通过 C-S 模式管理数据,这种统一管理数据的模型已经陪伴我们走过了几十个年头,带来的贡献毋庸置疑,但是在这个数据量爆炸、个体追求数据隐私的时代,这种数据管理方式带来的一些问题需要我们重新审视:一方面,如果服务器受到黑客攻击,就可能造成服务器端的数据泄露,从而严重损害个人隐私;另一方面,如果这个服务器本身是不可信的,即服务器运营商可能窃用一些敏感数据进行数据挖掘等操作,也同样会损害用户的个人利益。综合起来,C-S 模式无法保证可信性。而近年来走入大众视野的区块链就可以解决这个问题,使用区块链实现可信数据管理是一个不错的选择。

首先,区块链是存储可信的。区块链摒弃了传统 C-S 模式,它采用了分布式数据管理,可以防止单点故障导致数据丢失的问题。其次,区块链是处理可信的[8]。区块链通过智能合约等机制实现了数据的可溯源,赋予了数据不可篡改的特性,进一步保证了用户的数据安全。最后,区块链是安全可信的。区块链采用非对称加密的方法,这比常用的对称加密方法的安全级别要高,可以更有效地保护数据安全。

1. 区块链技术的特征

(1) 去中心化:区块链技术不依赖可信的第三方机构,它基于分布式系统结构,采用数学方法实现数据的验证、存储、维护和传输等过程。去中心化是区块链最本质的特征[8]。

(2) 不可篡改:区块链技术应用了分布式存储、加密技术、共识机制等保障了数据安全,从而有效地防止数据被篡改。

（3）可追溯：区块链技术采用链式区块结构存储数据，有极强的可验证性和可追溯性。

（4）安全可信：区块链技术采用非对称加密技术，既实现了数据的透明公开性，也实现了对个人用户隐私的保护[7]。

2. 区块链体系结构与关键技术

区块链融合了多种现有的技术，利用分布式一致性算法维护数据，采用 P2P (peer-to-peer，端对端)网络进行数据传输。从数据管理角度看，区块链本质上是一个构建在对等网络上、通过链式存储和加密技术提供了可信数据功能的数据库系统[7]。如图 5-1 所示，区块链的体系结构分为数据层、网络层、共识层、合约层和应用层。

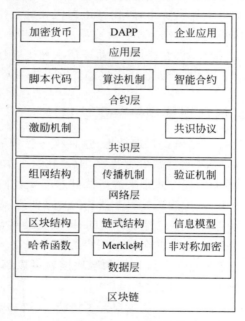

图 5-1　区块链体系结构

1）数据层

数据层中主要应用哈希函数、Merkle 树和非对称加密等技术，包括区块结构、链式结构和信息模型。如图 5-2 所示，区块结构包括区块头和区块体两部分。区块头封装了前一个区块的哈希值，当前区块的哈希值，共识过程产生的随机数、时间戳和 Merkle 树的根节点。区块体包括经过验证的有效的交易，并通过 Merkle 树的哈希过程产生唯一的根节点写入区块头。所有的区块依次相接，形成从创始块到当前区块的一条最长的链，称为主链。主链上记录了区块链数据的完整历史，能够提供数据的溯源和定位功能。

数据层中主要采用了以下 4 种技术。

（1）哈希函数：区块链采用将原始数据通过哈希函数编码为特定长度的字符

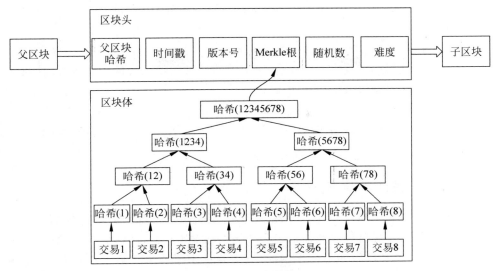

图 5-2 区块结构

串的方式保存数据。哈希函数具有单向性、定时性、定长性和随机性。比特币采用 SHA256 哈希函数,将任意长度的数据转换为长度为 256 位的二进制数字。SHA256 哈希函数具有巨大的散列空间和抗碰撞的特性。

(2) Merkle 树:Merkle 树的作用是快速归纳和验证区块数据的完整性、安全性。Merkle 树的运算过程是将数据进行分组哈希,将产生的哈希值插入 Merkle 树,不断递归直到产生最后一个根哈希值。Merkle 树技术极大地提高了运行效率和可扩展性。

(3) 非对称加密:在非对称加密技术中加密过程所使用的密钥和解密过程所使用的密钥是不同的,分别称为私钥和公钥。公钥是公开的,而私钥一般是个人持有的。一个区块链账户由公钥和私钥组成。用户随机生成私钥,私钥经过椭圆曲线变换之后会生成一个由 65 个字符组成的数组,字符数组经过 16 进制处理之后得到公钥。用户使用私钥对消息进行签名,任何获取了用户公钥的用户都可以利用公钥来对消息进行验证。

(4) 信息模型:信息模型是记录应用信息的逻辑结构,目前区块链系统采用的信息模型主要有 UTXO 模型、账户模型和键值对模型。

2) 网络层

网络层封装了组网结构、传播机制和验证机制。区块链采用 P2P 网络,其结构可以分为无结构的网络、结构化网络和混合式网络。

3) 共识层

共识层包括共识机制和激励机制,是区块链系统中的核心组件。比特币采用了高度依赖算力的工作量证明(proof-of-work,PoW)作为共识机制。随着区块链技术的发展,研究者提出了许多更节能的共识机制,如权益证明(proof-of-stake,PoS)、授权股份证明(delegated proof of stake,DPoS)等。

4) 合约层

合约层封装了脚本代码和智能合约等,提供了区块链系统的可编程性,使得区块链系统能支持不同领域的应用。

5) 应用层

应用层包括区块链的诸多应用场景和实际案例,如智慧城市、边缘计算和人工智能等。

5.2.2 保证数据来源——密码学

在制造业中属于同一产业链的各个企业,彼此间通常有着大量的数据需要交流沟通。固然信息化时代彼此通信已经十分方便,但企业间仍然有许多数据是十分珍贵的,当不信任已有的通信平台时,就需要技术手段来保障信息安全,而密码学就是专注研究这一领域的学科。同时密码学也是保证区块链安全的基石,在区块链的整个体系中大量使用了密码学算法,比如用于 PoW 的哈希算法、用于完整性验证的 Merkle 树、用于交易签名与验证的数字签名算法、用于隐私保护的零知识证明等。

信息安全和密码技术之间的关系可以用图 5-3 来表示。

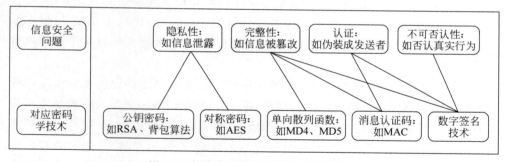

图 5-3 信息安全问题与对应密码学技术

其中,最常用也是最基础的技术——加解密算法,从设计理念上可以分为两大基本类型,如表 5-1 所示。简单来说,现代加解密系统的组件一般包括加解密算法、加密密钥、解密密钥。在加解密系统中,加解密算法固定不变,并且一般公开可见。密钥则是最关键的信息,需要安全地保存起来,甚至通过特殊硬件进行保护。一般来说,对同一种算法,密钥需要按照特定算法每次加密前随机生成,长度越长,加密强度越大。根据加解密过程中所使用的密钥是否相同,算法可以分为对称加密和非对称加密(又称公钥加密)两种模式,分别适用于不同的需求,恰好形成互补。这两种模式在某些时候可以组合使用,形成混合加密机制。

表 5-1　加解密算法的类型

算法类型	特　点	优　势	缺　陷	代表算法
对称加密	加解密的密钥相同	计算效率高，加密强度高	需提前共享密钥，易泄露	DES、3DES、AES、IDEA
非对称加密	加解密的密钥不相关	无需提前共享密钥	计算效率低，仍然存在中间人攻击的可能	RSA、ElGamal、椭圆曲线加密

5.2.3　共享数据的可用不可见——隐私计算

传统的数据保密存在着许多不足，其中最重大的缺陷便是无法实现数据的可用不可见，即各方可共享数据的使用价值，但不知道数据的具体内容，这时就需要隐私计算技术。隐私计算技术可以计算加密状态下的数据，且安全性和准确性有所保证。本节介绍以下 3 种隐私计算技术。

隐私计算同态加密

1．同态加密

同态加密（homomorphic encryption）由 Rivest 等在 20 世纪 70 年代提出，是基于数学难题的计算复杂性理论的密码学技术。对同态加密后的密文进行计算得到密文输出，将密文输出解密为明文输出，其结果与对未加密的原始数据进行相同计算得到的输出一致，这样便达到了在隐私数据上进行计算的效果。

2009 年，Gentry 提出了基于理想格的全同态加密方案，通过自举将部分同态加密转变为全同态加密，使全同态加密成为可能，但存在计算复杂、实用性低等问题。在接下来的技术研究革新中，BGV 方案用模交换技术代替自举过程，BFV 方案通过缩放技术代替模交换，最新则有能支持浮点数近似运算的 CKKS 方案出现。经过几代人的努力，全同态加密在软硬件的实现上都有所突破：软件方面，IBM 实现的 HElib 和美国国防部高级研究计划局（Defence advanced research projects agency，DARPA）资助的 PALISADE 等软件库，支持 BGV、BFV、CKKS 和 FHEW 等全同态加密方案，并通过多线程、SIMD 与高效数学算法来进行软件层次的优化；硬件加速上，许多研究团队通过设计数学计算最优的硬件加速器，用 FPGA 加速基于 RLWE 的 BGV、BFV 算法，同时也有发挥 GPU 并行能力的 CUDA 同态加密库 cuHE 出现。近年来，人们在软硬协同上寻求突破，不少学者使用 GPU、FPGA 对全同态加密计算过程进行加速，DARPA 则计划设计出支持大字长运算的专用化芯片将同态加密技术应用到国防及商业领域。

全同态加密 GPU 加速概述

2．安全多方计算

姚期智先生于 1982 年通过提出和解答百万富翁问题而创立的安全多方计算技术（secure multi-party computation，SMPC）也是隐私计算技术中重要的一部分：多个互不信任的参与方之间进行协同计算，满足如下特性。

（1）隐私性：MPC 协议执行过程中，攻击者无法推断出任何有关私有输入数

安全多方计算

据的信息(可从计算结果推断出的信息除外)。

(2) 正确性:诚实参与方计算不会得到错误的结果。

具体到使用技术上,目前主流两方安全计算框架的核心用了加密电路和不经意传输这两种密码学技术:一方将计算逻辑转化为布尔电路,针对电路中每个门进行加密处理。接下来,该参与方将加密电路(即计算逻辑)和加密后的标签输入给下一个参与方。另一方作为接收方,通过不经意传输按照输入选取标签,对加密电路解密进行解密获取计算结果。而通用的多方安全计算框架可以让多方安全地计算任意函数或一类函数的结果,诸如 BMR、GMW、BGW、SPDZ 等,这些多方安全计算框架涉及加密电路、秘密分享、不经意传输等相关技术。

3. 零知识证明

零知识证明

多方计算技术包含一种在区块链中使用较多的技术——零知识证明。零知识证明的定义为:证明者(prover)能够在不向验证者(verifier)提供任何有用信息的情况下,使验证者相信某个论断是正确的。零知识证明具有以下重要性质。

(1) 完备性(completeness):如果证明者拥有知识,则可以通过验证者的验证。

(2) 可靠性(soundness):如果证明者没有拥有知识,则不能通过验证者的验证。

(3) 零知识性(zero-knowledge):证明者在证明过程中不会泄露其所拥有的知识,即验证者无法从证明信息中获得证明者所拥有的知识。

目前,实现零知识证明的主流开发库有 Libsnark、Bellman、ZoKrates 等。其中,Libsnark 基于 C++语言开发,包装了零知识证明的核心,提供了易于使用的编程接口,让开发者可以在不掌握算法细节的情况下进行开发。

5.3　可信数据管理技术在智能制造中的应用

目前,制造业普遍存在信息不对称、资源不共享和成本高昂等行业痛点,严重制约了制造业的发展。区块链技术实现了分布式的网络结构、不可篡改的数据信息以及基于密码学的身份证书,是一种集去中心化、信息对称共享、防篡改和可追溯等功能于一体的信息化技术。区块链技术作为一种提供了可信数据功能的数据库系统,为加快制造业转型和智能制造发展提供了一种新的方向和思路。将区块链理论知识和技术融入到智能制造生产中,将传感器、通信网络、控制和管理系统连接起来,可以促进各部门和各工作人员之间的交流,整合企业的信息数据,有助于企业信息传递的及时性和信息的实时透明性,提高生产的安全性和可靠性。区块链技术能够有效地提升公司的信息化水平,节省公司的运营成本,使得企业能够更好地持续发展。

5.3.1 基于区块链技术的高效供应链管理系统

供应链是指产品经过原材料采购、产品生产、质量检验、物流以及最后通过销售网络被送到消费者手中的全过程。原材料供应商、制造商、销售者和消费者在整个过程中构成了一个整体。这个过程中各方独立保存数据信息,每个环节都需要交接双方进行确认和审批。传统的供应链一方面造成了信息缺乏透明度,上下游企业缺乏信任、沟通管理成本高昂;另一方面会面临信息丢失和被篡改等安全问题。这些问题制约着供应链体系作用的发挥,是供应链发展急需解决的问题和瓶颈。区块链作为重塑信任的新型工具,能够提高企业对于供应链的管理能力,提高供应链信息流通速度和信息安全,使得高效准确的产品溯源成为现实。

1. 健全信任机制

传统供应链中各企业间的信任机制通常依赖于可信的第三方机构。由于信息不透明等原因,各企业间很难建立良好的信任。区块链中的共识机制可以实现不依赖第三方机构建立不同节点间的信任,解决供应链管理中的信任问题,节省了流程的时间和成本。

2. 加强数据安全

区块链技术的分布式数据存储和多种安全加密方式保障了数据在传递过程中不会丢失或被篡改,有效减少信息安全事故的发生,对于维护数据安全、供应链系统的稳定和企业利益具有重要意义。同时区块链采用的数字签名和非对称加密技术可以保护用户的隐私信息。

3. 实现信息对称

传统供应链存在严重的信息不对称问题,即供应链中的中心企业汇集并管理来自各中小企业的数据。因为信息不透明、不流畅导致了各参与主体难以准确了解相关事项的状况和存在的问题,从而影响了供应链的效率。区块链技术所采用的分布式数据存储模式使得数据分布在供应链中各环节企业的数据库中,解决了信息不对称的问题,使得各企业间的合作更加透明。

4. 提高溯源能力

传统供应链中的产品信息难以追溯,导致产品质量或运输出现问题之后的追责很难进行,也让供应链管理过程难以得到优化。区块链技术不可篡改和可溯源的特点可以解决这一难题。通过区块链技术记录产品在供应链上每一个环节的信息可以实现数据在各方之间的公开透明,从而在整个供应链上形成完整且流畅的信息流[9]。在供应链管理系统中融合区块链技术可以确保参与各方及时发现系统运行过程中存在的问题,有针对性地找到解决方法,进而提升供应链管理的效率,同时可以在各参与主体之间产生纠纷时实现举证与追责。

5.3.2 隐私计算技术保护数据安全

数据时代下,政策导向明确,企业间数据流转大势所趋,个人隐私保护迫在眉睫。虽然区块链、人工智能和云计算等技术逐步成熟,但数据安全开放共享却至今都未出现一套成熟的解决方案。在数字经济发展过程中,互联网、教育、医药以及能源等领域侵犯用户隐私和大数据杀熟等问题层出不穷。这些都将促使隐私计算技术成为数字经济时代建设的新基建。隐私计算本质上是在保护数据隐私的前提下,解决数据流通和数据应用等数据服务问题。

隐私计算良好解决了数据在计算环节的隐私性问题,为区块链、人工智能以及云计算等技术的大数据应用提供了隐私性和数权归属的基础。数据平台可以使用隐私计算技术对多源数据进行安全共享,使数据可用而不可见。这样既可以对数据的隐私性进行保护,又可以安全共享给其他使用方,从而产生更大价值。

目前,安全多方计算已经在不同行业初步应用,例如银行风控和联合营销,但是受限于效率和性能等问题,该技术依然面临挑战,对海量数据共享场景的支撑能力还有待提升。不过随着未来技术优化、软硬件设计创新以及国家政策支持,安全多方计算应用的场景将会更加丰富。

5.3.3 具体案例分析——京东智臻链

目前,在传统的供应链管理系统中仍然存在很多难以解决的痛点,例如:

(1) 信息不对等,以次充好。不法商贩利用商品链条中各个环节中的漏洞和信息不对称,制造假冒伪劣商品,以次充好,给消费者、产品品牌和国民经济都带来了很大损害。

(2) 纠纷处理困难。一旦信息出现不利于自身的情况时,该环节主体很有可能篡改账本或者谎称信息由于某种原因丢失,甚至是抵赖、推卸责任,造成举证和追责困难,很多纠纷不了了之。

(3) 供应链效率低。不同环节的主体之间必然存在大量的交互和协作,由于信息不透明和不流畅导致链条上的各参与主体难以准确了解相关事项的状况及存在的问题,从而影响供应链的效率。

针对这些行业痛点,京东智臻链提供了以区块链为核心的软硬件一体化方案,推动了供应链各主体的高效协同。利用智臻链的技术能力,同时结合物联网技术,将商品从原材料采购、加工、生产、质检、物流、经销以及零售,一直到消费者等全流程信息可信记录,解决了信息孤岛、信息流转不畅、信息缺乏透明度等行业问题。

京东智臻链在供应链管理方面的优势有:

(1) 商品防伪。商品经过"一物一码"的标识,将全过程流转的信息写入区块链。区块链上的信息不能随意篡改,商品从生产到运输再到最后的销售,每一个环节的信息都被记录在区块链上,可以确保商品的唯一性。造假商品很难具备合乎特定规则的商品标识。

（2）有效监管。商品从生产到销售，每一个环节的主体都以自己的身份（私钥）将信息签名写入区块链，信息不可篡改，身份不可抵赖。一旦出现纠纷，能够快速定位问题环节，进行举证和追责。

（3）供应链协同。区块链上的数据高效地在供应链不同部门之间进行共享，做到统一凭证、全程记录和及时高效，能够有效地解决多方参与、信息碎片化以及流通环节重复审核等问题，从而降低物流成本、提高效率。

京东智臻链目前的相关产品有智臻链防伪追溯平台、JDBaaS 平台等，在二手商品追溯、黄金珠宝鉴定证书追溯、跨境商品原产地追溯以及酒水、粮油食品、生鲜和母婴产品的供应链防伪追溯等方面有具体的应用案例，合作伙伴包括美赞臣、贵州茅台、五粮液、伊利、雀巢、资生堂、天梭和卡西欧等国内外知名企业。

参考文献

[1] 海川. 区块链助推智能制造[J]. 新经济导刊, 2017(8)：25-30.
[2] 周济. 智能制造是"中国制造 2025"主攻方向[J]. 企业观察家, 2019(11)：54-55.
[3] 左世全. 我国智能制造发展战略与对策研究[J]. 世界制造技术与装备市场, 2014(3)：36-41,59.
[4] 邱伏生. 智能供应链在智能制造领域的应用(上)[J]. 物流技术与应用, 2019, 24(9)：110-116.
[5] 工业 4.0 时代的工业物联网分析[J]. 智慧工厂, 2017(5)：32-33.
[6] 孟凡生, 赵刚. 传统制造向智能制造发展影响因素研究[J]. 科技进步与对策, 2018, 35(1)：66-72.
[7] 曾诗钦, 霍如, 黄韬, 等. 区块链技术研究综述：原理、进展与应用[J]. 通信学报, 2020, 41(1)：134-151.
[8] 钱卫宁, 邵奇峰, 朱燕超, 等. 区块链与可信数据管理：问题与方法[J]. 软件学报, 2018, 29(1)：150-159.
[9] KRIMA S, KRIMA S, HEDBERG T, et al. Securing the digital threat for smart manufacturing: A reference model for blockchain-based product data traceability[M]. US Department of Commerce, National Institute of Standards and Technology, 2019.